JN113613

ハングル

—ハングルの創製と独特な字母の図解、その歴史的発展—

Koreana 編著　　申 景浩 訳

KOREA ESSENTIALS No. 1

Hangeul: Korea's Unique Alphabet

Copyright © 2010 by The Korea Foundation

All Rights Reserved.
No part of this book may be reproduced or utilized in any form
or by any means without the written permission of the publisher.

First Published in 2010 by Seoul Selection
B1 Korean Publishers Association Bldg., 105-2 Sagan-dong,
Jongno-gu, Seoul 110-190, Korea
Phone: (82-2) 734-9567
Fax: (82-2) 734-9562
Email: publisher@seoulselection.com
Website: www.seoulselection.com

ISBN: 978-89-91913-69-1   04080
ISBN: 978-89-91913-70-7   (set)
Printed in the Republic of Korea

ハ ン グ ル

―ハングルの創製と独特な字母の図解、その歴史的発展―

Koreana 編著　申 景 浩 訳

KOREA **KF**
FOUNDATION
한국국제교류재단

Seoul Selection

目　次

序文

　文字は文明の基礎であり、人々による知識の蓄積と伝承、文化の保全を可能にする極めて重大な発明物である。それは本質的にいって人間の発明物であるが、かといってどこにおいてでもなされるものではない。『民族学：世界の言語』によれば、現在世界には6,909の言語が存在するが、文字を持つのはほんのわずかに過ぎず、まして民族独自の文字体系を保有するのはそのうちの一握りという状況である。

　韓国の固有の文字体系・ハングルはそのひとつである。1446年創製のハングルは実に巧妙な体系を持っており、先見の明のある科学的言語理論、そして韓国語の音声を完璧に表現する伝統文化の原則にしっかりと基づいている。聡明な世宗大王により発明されたこの字母はその先進的な音声体系と使いやすさゆえに、これまで世界中の学者から賞賛されてきた。著名な言語学者ジェフリー・サンプソンはその著『文字体系：言語学入門』において、こうまで言っている。「究極的にそれが韓国人の考えうる最良の書記法であるかどうかはさておき、ハングルが人類の偉大な知的成果のひとつに位置づけられるのは疑いないことである」

　本書はハングル文字体系の独特な特徴と、それが韓国社会に与えたインパクトについて見る。まず、なぜ多くの学者がハングルを世界的に優れた文字体系であるとみなすのかについて述べる。ついで、文字の構造を検討しながら、その根底にある言語学的・哲学的なコンセプトを探る。また、ハングルが作られた歴史的経緯と、文字体系の発明

者として高く評価されている朝鮮の王、世宗大王について詳細に述べる。そして、ハングルの数世紀にわたるその後の発展ぶりと、それが韓国の文化と社会に及ぼした衝撃についても調べようと思う。最後に、韓国におけるIT発展のための一助となり、またファッションや舞踊といったジャンルまで含めた韓国の文化芸術の発展をも促してきたこの文字体系のさまざまな様相を見ることにする。

世·솅宗·종 御·엉製·졩 訓·훈民민正·졍音

製·졩·는 글·지·슬·씨·니 御·엉製·졩·는 님·금·지·스·샨 그·리·라 訓·훈·은 그·리·철·씨·오 民민·은 百·빅姓·셩·이·오 音름·은 소·리·니 訓·훈民민正·졍音름·은 百·빅姓·셩 그·리·치·시·논 正·졍훈 소·리·라

國·귁之징語·엉音름·이 國·귁·은 나·라·히·라 之징·는 ·입·겨·지·라 語·엉·는 말·리·라

나·랏:말·미

異·잉 子·荪 中듕國·귁·에 달·아

「この国の言葉は中国語と異なるがゆえに、[話し言葉] が [中国の] 文字（漢字）と合致しない。そのため、民は意思疎通を図ろうとしても、多くはついに己の関心事を語ることができない。これを憂いて、朕は新たに28の文字を作った。誰もがこれらの文字を容易に学び、[この文字が] 日々の生活に資することが、朕の願いである。」

『訓民正音』（1446年）より

1

Chapter One

韓国独特の文字体系

ハ ンブルク大学元教授のドイツ人言語学者ヴェルナー・サッセは
韓国のハングル文字体系を、「伝統的な哲学原理と科学理論に
基づいて考案された、世界で最も偉大な文字体系」であると述べてい
る。じっさい、これまで韓国の独特な文字体系を賞賛してきた学者は
サッセに限らない。英国の言語学者ジェフリー・サンプソンは、ハン
グルがあらゆる文字体系の中で最も科学的基礎を備えた特色ある文字
体系であることを明らかにした。オランダの言語学者ホワルト・F・
フォスもまた、ハングルを世界で最も洗練された文字体系だと褒め称
えている。日本の麗澤大学名誉教授梅田博之は、ハングルが世界で最
も進んだ音素文字体系であり、ローマ字をも超える特色ある文字体系
であると語った。

　6世紀前に東アジアの小さな王国で作られたひとつの字母に対して、
なぜかくも多くの賛辞が不断に送り続けられるのか。それほどまで格
別であるとされるハングルには一体どんな特徴があるのか。

合理的な構造

　ハングルが他の文字体系と明らかに異なる点は、その創製と意図される使用法の両面において、原則が最初からシステマティックに打ち立てられていたというところにある。このように極めて合理的な構造を持つのがハングルの特色で、世界のどんな人にも学びやすく使いやすい。他のほとんどの字母体系は数世紀にわたる段階的な発展の結果であって、それは決して体系的かつ合理的に形作られたものではない。

　ハングルにおいて、基礎的な子音は調音に用いられる発声器官の形態にあわせて作られている。軟音、有気音、硬音を表す子音はすべて、直感的で表現豊かな形で作られているといえる。現代言語学理論の見地からすると、以上のような特徴というのは実に例外的なものなのである。

　これらの特徴があるがゆえに、外国人にとって韓国語の読み書きは非常に容易である。ほとんどの人は、音節単位の文字の組み合わせ方を始めとして、韓国語の文字とそれを声にするときの発声器官との相

世界の文字

今日世界で最も広く用いられている文字はローマ字である。それは、ラテン文字とも呼ばれ、西欧、北欧、南北アメリカ、オーストラリア、そしてヨーロッパ列強の旧植民地のアフリカ諸国、その他の地域で使用されている。近年、ベトナム、インドネシア、マレーシアなどの東南アジア諸国では、トルコのような例に倣い、ローマ字を自分たちの伝統的な文字体系の代替物、もしくは補足物として採用している。ローマ字がだんだんと世界的に使われるようになったのは、表音文字としてのそれが比較的学びやすく書きやすいという点に部分的に起因する。さらに、過去数世紀の西洋文化のグローバルな拡張もまた、ローマ字の影響力を高めるのに大いに貢献した。

人口的に多数派の民族が用いる文字体系にはキリル文字、インド文字、アラビア文字、漢字がある。ローマ字と同様に、キリル文字は古代ギリシア文字に起源があ

り、ロシアを含む旧ソ連圏で使用されていることが知られている。ベトナム、インドネシア、マレーシア以外の多くの東南アジア諸民族はインド文字もしくはそれに近い文字体系を使用している。これらの地域で使用されている文字体系はインドのブラーフミー文字から発展したものと推定される。サウジアラビアをはじめとする中東諸国は、アラビア文字という彼ら自身の文字体系を保持している。

　諸民族間に多様な相違点が見られるかもしれないが、それらの文字体系は遡ればある共通の起源にたどり着くことができる。東アジア地域では、中国の支配的な影響力のせいで長い間漢字が標準の文字体系となってきた。日本は漢字と、ひとまとめに仮名として知られる彼ら自身の文字体系とを併用している。仮名は簡略化された漢字から派生したものである。

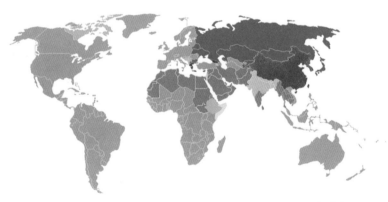

● ラテン文字　　● キリル文字　　● ギリシャ文字　　● アラビア文字
● エチオピア文字　北インド文字　● 南インド文字　　● ハングル
● 音節文字　　　● 表語文字

互関係さえ知れば、ハングルの読み書きはあっという間にできるようになる（p16参照）。

ハングルの顕著な特徴

　1990年代半ば、言語学研究の最前線に立つとして名声あるオックスフォード大学言語学音声学部が合理性、科学性、独自性の特徴という見地から30種の文字体系への評価付けを行ったことがある。その研究結果によれば、ハングルが第1位だった。

　他の文字体系と比べて、ハングルにはいくつかの独自な特徴がある。

意図的な組み合わせ

　世界の他の文字体系に比べるとき、おそらくハングルのそれの最も顕著な特徴は体系的かつ科学的で、歴史的に文書として残っているその創製過程にあるだろう。地球上の300の文字体系のうち、ほとんどはそれ自体「作られ」たものではない。それらは世紀をまたぎながら体系的な計画で発展してきたものではない。ところがハングルは完全に新しい体系なのである。すなわち、既存の何らかの文字体系を模倣・適応することなしに作られたのだ。こうしてみるとハングルは、ほとんど唯一といっていいほど特異なのである。記録によれば、たとえそれは世宗大王自身によって作られたものでなくとも、王国の民の識学能力向上という目的で臣下の中から大王が作成を命じた学者らによって作られた。ハングルが唯一そのような「意図的な組み合わせ」の文字体系であるといっては誤りであろう。他の国、エスニックグループ、いや個人でさえ自身の文字体系を作ろうと試みてきたのだから。たとえば元の皇帝フビライ・ハーン（訳注：モンゴル帝国第5代皇帝だった彼は国名を元に改めた）は1269年、チベットのラマ僧ド

グン・チェーギエン・パクパに命じて帝国のために統一的な文字を作らせたことがある（訳注：チベット文字を縦書きにした新しいモンゴル文字、いわゆるパスパ文字を作らせこれを正式の国字として公布したが、複雑で使いにくく、ついにウイグル文字に取って代わるにいたらなかった）。ところがハングルは明らかに最高の成功例となり、さまざまな努力を経つつ広く使用され、現在も7千8百万もの韓半島全土の発話者と在外韓国人により用いられている。

言語学的に科学的

　特に大衆が読むことができるようにし、彼らに韓国語の正しい発音を教えるという明確な目的に沿って作られた文字体系として、ハングルのシステムは言語学の先進知識を多量に反映している（第2章参照）。それは素性文字であり（p18参照）、その文字の形は恣意的などころか、ハングルが表す音素が持つ音韻論的特徴をよく記号化しているというべきである（たとえば韓国語の子音である濃音ㄲと激音ㅋは、共に平音ㄱに基づいている。両者とも平音に一画をつけ加えることにより、交互に現れる気音と緊張音といった言語学的特徴の付加を視覚的に表現している）。実にそれは今日広く用いられる唯一の特色ある字母である。

　さらにハングルの発明のプロセスでは、その科学的基礎と創造性が注目に値する。子音の形は調音時に用いられる発声器官の形に基づいており、一方、母音は天하늘・地땅・人사람の3つのシンボルにつながっている。1446年に公布された字母解説書『訓民正音解例』（『民に教える正しい音についての解説及び例題』）によれば、子音の形は舌、歯、唇などさまざまな発声器官を表現したものである。発音に用いられる発声器官の形を表現するための作字（文字作り）作業とは、実に革命的なイノベーションであった。

　対照的な例としてラテン文字を見ると、紀元前7世紀にイタリア半

ハングル文字はどのようにして作られたか

Ⅰ.子音

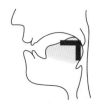

軟口蓋音：後舌面を口蓋
垂近くに接触させる。

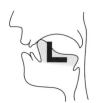

歯茎音：舌端を上歯肉に
接触させる。

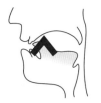

歯音：舌端を上前歯の先
に接触させる。

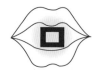

両唇音：両方の唇を接触
させる。

声門音：喉を丸く開ける。

*1444年に世宗大王によって公布された17の子音は、音韻変化を経て、
今日のハングルの14の子音となった。

ㄱ	ㄴ	ㄷ	ㄹ	ㅁ	ㅂ	ㅅ
/g, k/	/n/	/d, t/	/l, r/	/m/	/b, p/	/s/

ㅇ	ㅈ	ㅊ	ㅋ	ㅌ	ㅍ	ㅎ
/ng/	/j/	/ch/	/k/	/t/	/p/	/h/

Ⅱ. 母音

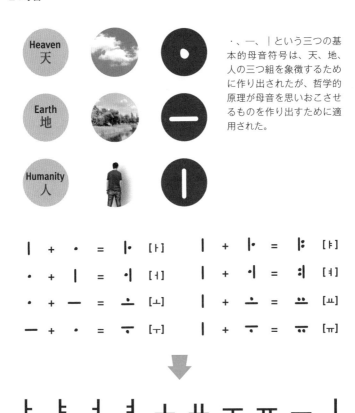

・、一、｜という三つの基本的母音符号は、天、地、人の三つ組を象徴するために作り出されたが、哲学的原理が母音を思いおこさせるものを作り出すために適用された。

ㅏ	ㅑ	ㅓ	ㅕ	ㅗ	ㅛ	ㅜ	ㅠ	ㅡ	ㅣ
/a/	/ya/	/eo/	/yeo/	/o/	/yo/	/u/	/yu/	/eu/	/i/

島に発してその後かなり発展した。それは、エトルリア文字――それ自体フェニキア文字から発展したギリシア文字に基礎を置いたものであるが――に基づいており、その子音字の源流がエジプトの象形文字にあることがわかる。ラテン文字の発展過程における計画性の脆弱もしくは皆無のせいで、個々の字母をいくら見てもそれらの発音についての手がかりとなるものは何もない。（実際、様々な言語はそれぞれのやり方で個々の文字を発音するのである。）

　特色ある字母としてのハングルは、数世紀後に科学的に発明された文字体系との間にいくつかの類似点を生むことになる。たとえば、難聴者に話すことを教えるためにアレクサンダー・メルビル・ベル（電話の発明者アレキサンダー・グラハム・ベルの父親）により発明された視話法がそれである。

学びやすい

　表語文字（本質的には絵文字）である漢字や、日本の音節文字表のカタカナ・ひらがななどと違い、ハングル文字体系は完全な音素文字

素性文字とは何か

　「素性文字」とは、システムを形成するシンボルが音素（発話を可能にする音声の文節単位）でなく、むしろ何人かの言語学者により発話の最小構成部分であると認められた「特徴」もしくは音素なのである。特徴ある姿かたちには有声化、有気音発声、調音のようなものまで含まれる。ハングルの場合、文字は調音的特徴を示すシンボルからなっている。実際のところ文字は発声器官の位置を示すといわれており、それらは音節単位を形成するためにかわるがわる組み合わされていく。

　素性文字の存在はまれである。ほとんどが、速記術として、または難聴者に話すことを教えるために作成した視話法のように、比較的最近発明されたものである。ハングルは、実に、今日ごく普通に用いられている唯一の素性文字なのである。

である。ハングルは組み合わせによってひとつの単一単位を作る語頭、語中、語末の3つの音を書き換えることにより音節を可視化するというユニークな構造を持つ音素文字なのである（p27参照）。以上のようにハングルは音節文字と共に、音素文字体系としての優越性を持っている。文字の形は高度に系統的であり、一方、音はというと、互いに関係性を持って類似性を共有している。ハングルは、まず基本の文字があり、別の文字をそこから派生させるという2段がまえ、2重構造になっている（p16参照）。

　さらにハングルは他の多くの文字を作るために音節ごとに互いに組み合わせを行うという、独特な操作方法を持ち、これは「組み合わせ書法」と呼ばれている。ハングルは、子音と母音に分かれ音節単位を形成するために共に組み合わせを変える表音文字で成り立っている。そのため、この書法のおかげで、読みやすく、速やかに習得することができるのである。

　ハングルはまた、『訓民正音解例』が指摘するように、著しく習得しやすい文字である。「賢人なら朝のうちにそれらを独学で習得でき、学のない者でも10日もあればそれらを学びとることができる。」韓国

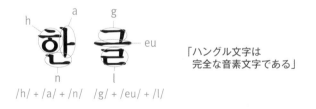

「ハングル文字は
　完全な音素文字である」

/h/ + /a/ + /n/　/g/ + /eu/ + /l/

漢字　　　　　**日本語の仮名**

漢字　　ひらがな

/han/　/zi/　　/hi/　/ra/　/ga/　/na/

　語そのものの習得にはかなりの学習努力を要するが、韓国語の単語
──実際どんな単語であっても──の発音を身につけるにはわずか数
日の学習でこと足りる。それが可能なのはほとんど、ハングルの持つ
秩序整然たる合理的なシステムのおかげである。発音のルールが規則
正しく、西洋の言語と異なり必修すべき例外というものがほとんどな
い。

　ハングルの優秀さは、学びやすく使いやすいという事実に基づいて
いて、結果的に韓国では非識字率がゼロとなっている。またハングル
には、地球上のいかなる言語でも実際に表現できるという表音文字体
系としての利点もある。たとえば日本語には約350の音節が、そして
中国語には420音節が含まれているが、それらのほとんどすべてをハ
ングルは完璧に表現して見せることができる。従ってハングルは驚異
的な文字体系として世界中から注目されてきた。

　またコンピュータのキーボードや携帯のキーパッドの使用によって
ハングル文字をすばやく、そして容易に入力できるし、ハングルは、
話し言葉を文字に変換するのに用いられる音声識別ソフトウェアにも
よく適している（第6章参照）。

ハングルについての学者たちの評言

「究極のところでそれが韓国人の考えうる最良の書法であるかどうかはさておき、ハングルが人類の偉大な知的成果のひとつに位置づけられるに違いないというのは、異論のないことだ」

ジェフリー・サンプソン（言語学者。サセックス大学教授）

「ハングルは伝統的な哲学原理と科学理論にもとづいて考案された、世界で最も偉大な文字体系である」

ヴェルナー・サッセ（ハンブルグ大学元教授）

「ハングルは世界で最も進んだ音素文字体系であり、ローマ字を超える素性文字体系である」

梅田博之（麗澤大学名誉教授）

「世宗大王は民のためにハングルというもっぱら創造的で驚異的な表音文字体系を発明した。ハングルはおそらく、世界のどの国でも一般に使用されている文字体系の中で最も科学的なシステムである」

エドウィン・O・ライシャワー（歴史学者。元ハーバード大学教授）

「ハングルはあらゆる言語が夢見てきた最良の文字体系である」

ジョン・マン（歴史学者。『アルファ・ベータ：いかにして26文字は西洋世界を形作ったのか』著者）

「これは世界で最もシンプルにして最良の文字の組み合わせである」

パール・バック（『大地』著者）

2

Chapter Two

ハングルの体系の構造

ハングルは14の子音と10の母音からなるが、これらの文字をさらに分類してみると、それらが5つの基本的な子音（ㄱ［k, g］、ㄴ［n］、ㅁ［m］、ㅅ［s］、ㅇ［ŋ］）、そして3つの基本的な母音（·［ɐ］、ㅡ［i］、ㅣ［i］）に基づいていることがわかる。ほかの文字はこれらの音声上の特徴に相応していくらでも作られていく。

子音

ハングルは、それぞれ発音に要する発声器官をかたどった5つの基本子音に基づいており、更なる子音が必要なときには子音のシンボルを横並びに重ねるか、あるいは字画を付け加えて作ることができる。

たとえば基本子音ㄱに気音を示す1本の線を書き加えると、それで有気音文字ㅋができあがる。またㄱの横に同じ記号を重ねれば（並書すれば）、それでそれに対応する緊張音としての「濃音」のㄲができあがる。このようにそれに対応するㄱとㅋの間の音声上の類似は歴然としており、その結果ハングルは最も学びやすい文字体系となった。

　子音の文字の基本は、それらを発音するときに用いられる発声器官の形、もしくは音声化のときの器官の形の変化である。子音は、音を表す文字としての5つの基本子音——ㄱ（軟口蓋音）,ㄴ（歯茎音）,ㅁ（唇音）,ㅅ（歯音）,ㅇ（声門音）——のそれぞれ及びその音声の特徴に相応する4つのカテゴリーに分けられている。英語の音声上のカテゴリー用語に正確に対応するものではないが、ここに言う4つのカテゴリーには弱い破裂音、強い破裂音、有声子音、そして鼻音・流音カテゴリーが含まれる。基本子音を組み合わせたり一筆を付け加えたりすることによって、さらに何十もの子音を作ることができる。

母音

　3つの基本母音（・,ー,丨）は天・地・人の形を表わしている。これら3つの基字は、陰と陽の補充関係、つまり5要素（鉄、水、木、火、土）および5方角（東、西、南、北、中）に関する哲学的原理に基づいて他の母音を構成するのに用いられる。

　基本となる母音は結合され、更なる母音記号を構成する。そのため20世紀後半になってハングルは、他の音素（表音）文字体系より一歩進んだ「素性文字体系」として知られるようになった。抽象的で弁別的な単位に従った存在論的な音素単位の素性という分析法は、20世紀の到来と共にやっと認識されるようになった。15世紀にこの理論的分析法を確立使用することにより新しい文字体系を発明するという世宗大王の独創性は、こうしてまさしく、その時代を超越した科学精神の勝利と呼ばれるに値するのである。

組み合わせ（複合字母）

　ハングルは字母であるが、他の字母とはやや異なった文字体系を用いる。ほとんどの字母においては、多様な音を表わそうとして子音と

ハングルの意匠

1、子音

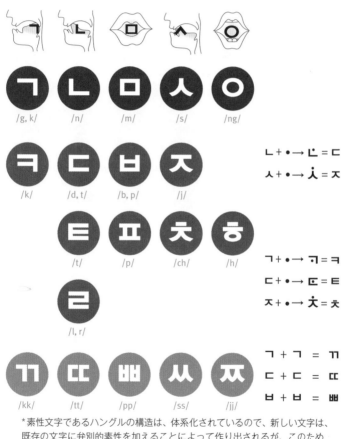

* 素性文字であるハングルの構造は、体系化されているので、新しい文字は、既存の文字に弁別的素性を加えることによって作り出されるが、このためにハングルは、韓国語に必要なすべての音を最も効果的に表現できる。

2、母音

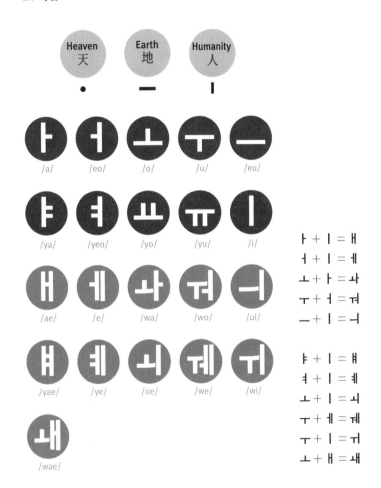

母音が別々に記される。ラテン語、エジプト語、ギリシア語その他の典型的な字母の場合、子音と母音は横1行に並書される。

ところがハングルはそのようには書かれない。ハングルにおいては、子音と母音が同種グループとして一体化するのである。ハングルでは文字は左右にも上下にも書くことが可能で、これらの母音と子音の組み合わせと各音節単位におけるそれぞれの占有空間は、高度に系統的である。音節は初声子音、中声母音、終声子音からなる。初声子音（子音であれ、母音のための無声のプレースホルダーであれ）と中声母音は必須であり、一方、終声子音は選択的である。

そこでハングルは、一塊として記される各音節の初声、中声、終声を用いて次のように構成される。

こうした書法によりハングルは音節文字の性質も持つことができ、さらに漢字をも容易に表現できる。

万能の文字体系

ハングルは使用者にとって非常に親しみやすい文字体系で、人の音声のみならず鳥の鳴き声や風の音などの自然音までうまく表現できる。ハングルはまた、中国語のような、韓国語にはなくて他言語にあるとされる音声をも十分に表現できる。このようにハングルは8つの基字を用いて、ユニコード2.0規格に沿って普通に用いられる11,172個もの相異なる音節を構成することができる（ユニコードはコンピュータを通して世界中の言語を一貫して表現できる標準的な国際的文字体系である）。これはハングルがわずかばかりの基本的音素を結合することによって新しい音節単位を構成できるから可能なのである。

一見シンプルなハングルであるが、いざゼロからこの文字体系を考

案するためには、世宗大王は豊かな音声学知識だけでなく、抽象的な素性の塊としての個別の音声を聞き分ける革命的な「デジタルな心構え」が必要であったことだろう。

配置

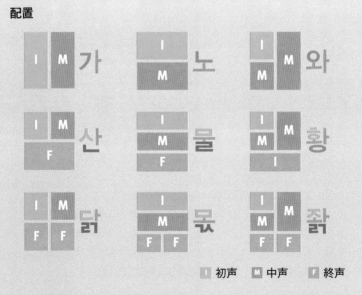

子音と母音は音節単位でまとめて記され、左右、上下そして複雑な組み合わせを可能にしている。個々の文字を次から次へ記すことも可能であり、その結果をさらに判読させることもできる。

3

Chapter Three

ハングルの発明

現在最も進んだ文明社会で使用されている文字体系はアルファベットであり、これはシュメール語やエジプト語のような古代の文字体系を元に長期にわたり多くの人々の手で磨き上げられてきたものである。1千年の人類の知恵の結晶であるだけに、多くの民族、人々がアルファベットの文字体系を選ぼうとするのはいたって自然なことだ。ハングルはというと、それらとは対照的に、1443年東アジアの小国朝鮮で世宗大王なる一人物の科学研究の成果として創製された。

ハングルは過去の先例に倣って作られたのでなく、当時の東アジアの先端的言語学理論である中国の音声学における革命的な産物なのである。この点からして、ハングルの発明は世界言語学史上画期的な出来事であると見ることができよう。さらに驚嘆すべきは、ハングルの発明者世宗大王の抱いていた近代的かつ合理的な精神である。

ハングル以前の状況

　ハングル文字体系の創製に先立ち——そして実は創製以後ですら——朝鮮における主たる公式の文通手段は漢文であった。これは周（前1045-256）、漢（前206-220）といった王朝時代に使用された中国語に由来するものだ。東アジアで漢文は、ちょうど中世ヨーロッパでラテン語が果たした役割によく似た役割を演じた。それは、中国語やその同族語も話せない朝鮮のような民族の間でさえ学習、法律、国際交流のための言語だった。昔も今も、朝鮮文化にのしかかる漢文の影響というのは実に大きいのである。革命的なハングル字母の創製以後ですら、漢文は20世紀の開幕の頃までずっと朝鮮の学問・行政言語としての役目を果たし続けた。徹底した儒教の国である朝鮮では、儒教の経書の理解のために漢文の知識が求められ、政治力や社会的影響力にとってそれは必要不可欠であった。

　漢文の習得には多量の学習を要した。その時間たるや、当時は富裕層に限って持つことのできるものだった。結果として識字は、朝鮮社会のごくわずかのエリートに限定された。一方、朝鮮語を書くには、吏読（イドゥ）というシステムが用いられた。新羅王国の神文王（シンムン）（在位681-

左：廃用になった吏読文字体系。漢字の横にわずかな注釈が加えられているのが見られる。
右：吏読を体系化し編纂した新羅の学者薛聡。

691）の時代に学者・薛聰（ソルチョン）の手で体系化されたのが吏読である。そこでは朝鮮語の音韻組織を表わすのに、いくつかの特殊文字とともに漢字が用いられた。この文字体系は新羅時代から朝鮮時代のハングル創製まで、主に中産階級の間で普通に使われたが、いかんせん、扱いにくく難しい。ある漢字は中国語の音に基づき、またある漢字は中国語の意味に基づいているかと思えば、はたまたこれらに新しい音と意味まで付加されたものまである。さらに漢字は、朝鮮語文法に適さないことが明らかになった。はるかに優れたハングル文字体系が適用されるにつれ、吏読は廃用になって行った。

ハングルの発明

　こんにち韓国人がハングルと呼んでいる文字体系は、元は訓民正音と呼ばれていた。訓民正音はその発明者の名前と発明の日付が具体的に知られた世界唯一の文字体系である。したがって、それは世界中に比類のない特徴を持つ文字体系である。

　1443年、朝鮮王朝（1392-1910）第4代の世宗大王は訓民正音を発布した。この事実は『世宗実録』第113巻に記録されている。世宗統治28年目の9月のくだりである。『実録』は約60名の官吏により編纂された163巻に及ぶ世宗統治の年代記である。このことは朝鮮王朝の文臣・学者の鄭麟趾（チョンインジ）（1396-1478）の手になる『訓民正音解例』（『民に教える正しい音についての解説及び例題』）の巻末でもまた、次のような文章で述べられている。『解例』は文字体系の創製目的を説明しその使用法を記した書物だ。「1443年の冬にわれらが王は正しい音を表わす28文字を発明し……それらを訓民正音と呼んだ」とある。

　字母および文字体系の発明後、世宗は宮廷の研究機関である集賢殿（p 34参照）の学者たちを諭して新しい文字体系の案内書を作成するようにした。これが1446年9月に公布された「訓民正音」である。

王の統治の第25年目の12月のくだりを扱った『世宗実録』第102巻にはこう記されている。「この月、王は手ずから28の字母を作成され……それを訓民正音と称された。」これらの記録は、世宗自身が文字体系の発明者でその名付け親であることを暗示している。

実際に字母を作ったのは誰か

われわれは、世宗がハングル文字体系作りの任務を集賢殿に与え、このプロジェクトが1443年、少なくとも1444年に完成を見たと信じているが、文字体系作りに世宗が個人的に果たした役割に関しては論ずべき余地が残っている。ハングル文字体系を発明したのは誰かと尋ねられた韓国人はほとんどがこう答える、「世宗大王」だと。ところが世宗大王なのか、集賢殿の学者たちなのか、どちらかを選んでほし

『訓民正音解例』

いといわれた瞬間、彼らは返事に困ってしまう。学界内でも、正確には誰が発明者なのかについて見解の一致を見ていない。

　一致を見ないわけは、文字体系作りのプロセスに関する詳細な記録が存在しないことにある。事実、『訓民正音解例』が公布されるまで、字母が作られてから3年も掛かっている。

第1の説

　まず、世宗大王自身がハングル字母を作ったという説である。この説は、朝鮮時代の公式の歴史記録である『朝鮮王朝実録』に根拠を置いている。『実録』には「世宗大王が手ずから28の字母を発明した」とある。この説の一変形として、世宗大王が自身で実際の文字を作る一方で、集賢殿の学者たちがその使用法を作成していたというのだ。しかしこれらの説は両方とも批判を受けた。王が一人

世宗大王

でプロジェクトのすべてを成し遂げたとは信じがたく、それにそもそも、字母作りとその使用法作りは緊密に繋がっているにもかかわらず、字母作成反対論がある中でなぜ集賢殿にその使用法の作成が許されたのかわからない。

第2の説

　もうひとつの説は、ハングル字母を作ったのは集賢殿の学者たちであるがそれを彼らは当時、今で言う糖尿病で病に伏していたという世

宗大王に「奉納」したというものである。これは歴代朝鮮王が保持する絶対的権威が公認された時代であるだけに、決してありえないことではない。とはいえ、——これは新しい文字体系に反対する一学者への王の反論に基づくものであるが（p 54参照）——世宗が有能な言語学者だったのは明らかであり、そして世宗本人は作業に加わっていないという説は、『朝鮮王朝実録』にはなぜ世宗が「個人的に」字母を作ったと明言されているのかという問題提起に繋がる。

当時の絵画に見られる、学問研究の厳しさを忘れ一息入れる集賢殿の学者たち

第3の説

　さらに別の説があって、それはハングル文字体系の創製は王室——すなわち世宗とその3人の息子および1人の娘——により秘密裏に推し進められたプロジェクトだったと主張する。この説によれば、集賢殿は朝鮮語での漢字使用の標準化のみ扱っていたことになる。この説の支持者の強調するところはこうである。すなわち世宗大王が事を秘密裏に推進したのは、保守派の儒学者からの抵抗を抑え、儒学の影響を受けた貴族階層による国政への介入を避けながら、儒教の経書の翻訳のための新しい文字を使用することで王位の権力をいっそう高めるためであった。

　ところでこの説の問題点は、集賢殿を立ち上げた若い学者のうち世宗派が大勢を占めていたことである。彼らは解説書『訓民正音解例』

賢人の殿堂、世宗大王の輝けるシンクタンク

新しい字母ハングルの詳細な解説と
例題説明を行う集賢殿の学者たち

賢人の殿堂というべき集賢殿は、ハングル文字体系を作るうえで大きな役割を果たしたと一般には信じられている。しかし正確なところ、この学者集団はいかなるものだったのだろうか。

集賢殿の歴史は、古く高麗時代（918-1392）にさかのぼるが、世宗大王の支配のもと1420年に研究機関を拡大してからは真の研究団体となった。集賢殿に勤める官吏の実数は、しばらくの間変動していたが、1436年に最終的に人員数20人の線で落ち着いた。

集賢殿はまず、学者を養成し学問研究を推進するための機関だった。その最大の任務は経筵と書筵だ。前者は、王と臣下に儒教の経典の議論ができる場を提供し、王が儒教教育を醸成し、適正な政治を行うようにすることだった。一方、後者は、いずれ王になる王世子の教育のことだ。集賢殿の学者たちはまた、外交文書を作成したり、極めて重要な科挙試験の試験官を勤めたりもした。集賢殿は王宮にあり、学者らは文書作成能力で知られていたので、彼らの何人かは王室の書記として登用された。また、古代中国の政治制度の研究もしくは書籍編纂などといった研究プロジェクトにも主導的役割を果たした。

学者たちの便宜を考え、王は書物を多量に購入し印刷に付しただけでなく、集賢殿にきちんと保管するよう取り計らった。若く有能な官吏たちには、賜暇読書という褒賞を与えた——これは一時的に公務から離れ、山中の静かな寺院などで学習できる制度のことだ。このようにして集賢殿からは優秀な学者が次々と輩出された。

世宗が王位について20年ほど経った頃から、集賢殿はその政治的役割も発揮し始めた。1442年、世宗——その健康状態はすでに悪化していたが——は王世子をトップとする集団を構成、そうすることで行政任務を世継ぎに任せることができた。集賢殿の学者たちは、まさに自分たちの所属するこの集団を通じて政治的影響力を発揮することができたのである。1443年、集賢殿は王世子の摂政となり、それによって重要な政治的地位を獲得するにいたった。王世子が1450年文宗王として王

位につくと、この学者集団の政治的影響力はさらに大きくなった。しかしちょうど6年後、世祖王(セジョ)(在位1455-1468)による血なまぐさい粛清で6人の学者が処刑され、ここに同集団は解散と相成った。

　集賢殿が存在したのはおよそ37年程度に過ぎないが、朝鮮時代の知的・科学的発展に果たしたその役割は実に莫大なものだった。学者集団は朝鮮史、地理、農学、朝鮮伝統医学に関する研究を含め幅広い分野で学問的業績を残した。おそらく最もよく知られたものは、やはり韓国語の文字体系であるハングルの発展に果たしたその功績であろう──たとえその役割がいまだに議論の的であるとしても。

19世紀に復元された
景福宮内の修正殿。
集賢殿の学者が
集まり学ぶ場所だった。

の編纂をはじめとする、文字体系を巡るあまたの重要プロジェクトにおいて大きな役割を果たしていったことになる。つまり、文字体系の創製・作成というプロジェクトから排除されたとは考えにくい。

　正確なところハングル文字を発明したのが誰であるかを結論づけるには、科学的で合理的な証拠が必要である。現在なしうる最善の作業は、議論を『朝鮮王朝実録』に依拠させることだ。鄭麟趾、崔万理といった新字母作りに反対する学者の上訴もまた、真のハングル発明者を突き止める上で有益な証拠となるであろう。

　すべてを勘案した場合、もっとも「合理的」な説は、世宗大王、王室及び集賢殿の学者たちが協力して文字体系を創製したということであるように思われる。

ハングル発明の理由は何か

　さて、王が訓民正音を作ろうとしたそもそもの動機は何だったのか。

　15世紀、新王朝ももはや4代目である。当然、その統治の正当性と大衆的支持を必要としたであろう。世宗大王はハングルを自らの国家運営戦略の重要な手段と考えていたはずだ。特に言及すべきは統治10年目に遭遇した、金ファという凡夫による父親殺し事件だ。これは儒教精神が骨髄にしみていた王としてはまことに衝撃的な事件だった。なにせ彼は、朝鮮は、家族こそ民族の基礎であるという儒教の教えに基づくべきであると信じていたのだから。実際、朝鮮王朝初期における最大の課題は、共同体生活における儒教倫理の確立と社会慣習生活の浄化にあったのである。

　民衆を啓蒙しさえすればかならず健全な社会ができると信じていた世宗大王は、国民教育に大いなる関心を示した。彼は徳性を通じて民衆を治めれば必ずや民族は繁栄すると信じた。もし愚かな凡人が過ちを犯したとすれば、それはその者が自らの悪行の意味をわからなかっ

たせいである。親殺しが
またと起こらぬように、
王は1434年、徳行の模範
をわかりやすく図示した
解説本を発刊した。民衆
が文盲の状態に取り残さ
れているということは、
彼らを教育しても限度が
あるという可能性がある。
これが、一般民衆のため
の平易な字母の創製の主
要な動機であった。

さらに、世宗大王が訓
民正音を発明した当時、

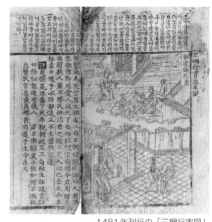

1481年刊行の「三綱行実図」。
漢字原典をハングルに訳し、絵も添えて
無学の者でも理解できるようにしてある。

中国では明王朝が権力を得、それにより漢字の標準的発音が南方式か
ら北方式へシフトすることになった。漢字発音の新たな方式の出現と
いうこの事態を迎え、別の漢字の朝鮮式発音法を調節・適合する必要
性が生じた。ヨーロッパにおけるラテン語のケースと同様に、中国語
が東アジアの一般の書記言語になって以来、朝鮮人は新式の発音法を
学ぶ必要に迫られた。当然それに伴い、漢字の朝鮮式発音への適合と
その表現を可能にする文字体系の使用も求められた。これもまた訓民
正音発明の重要な要素であり、それは当時の時代的な主流を反映する
ものであった。

「訓民正音」という用語は、それぞれ"民を教える"、"正しい音"
を意味する「訓民」と「正音」を合わせた四字熟語である。「訓民」
には、適切な見方に基づく別の意味も含まれている。王や選良階級か
ら見ればそれは"民を教える"を意味するだろうが、一方の民の側か
らすれば、"民が学ぶ"あるいは"民が使う"の意味になる。

このように、ハングルの発明目的を探るとき、どんな観点から考え

るかによって多少異なってくる。民の側の観点からすると、明王朝初期の記録にあるように「あらゆる地方の民衆の知る音が適切な音」ということになる。ことほどさように訓民正音には、「民衆が使う文字に適切な音」と、「われわれの言葉を記すために用いる文字に適切な音」という2つの意味がある。とりわけ、世宗大王はすべての国民がよりたやすく読み書きができるようハングルを作った。留意すべき点は、ハングル文字体系が漢字音だけでなく世界中の言語をも表現できる普遍的な文字体系になってからというもの、それは他のいかなる文字体系よりも実践的で包摂的なものになっていったという事実である。

　中華思想中心の世界観が支配的だった時代において、朝鮮人にとって唯一適切なことは当時の東アジア文明圏で通用した文字体系である漢文の使用を廃し、朝鮮語のための新しい文字体系を創製することであるという考えが一般世論に逆らうものであった。ある意味では、宗教改革を行った神学者マルチン・ルター（1483-1546）の改革精神に近い。ルターは聖書をドイツ語に翻訳することでドイツ語の統一に寄与した最初の人物である。一方、当代の最も優れた言語学者・世宗大王は、中国の音声学理論が基本として漢字の音を客観的に表現する能力は限定されたものであることを認識していた。この問題を解決する最善の道は従来音節別に分かれた漢字の音を用いて、それらをさらに音素ごとに分ける文字体系をあらたに発明することだった。そして、この音素文字体系のおかげで、必ず学びやすくもなり、覚えやすくもなるに違いなかったのである。

世宗大王が景福宮で行った訓民正音公布の再現シーン

世宗大王

朝鮮王朝4代目の王である世宗だけが「大王」の名で呼ばれるが、それは決してわがままな誇張などではない。1418年から1450年までの在位期間、世宗大王は儒教の学者王の典型として、学問と社会発展の文化的黄金時代を統治した。当時の最も開明的な人物の一人として彼は自身の関心分野を政治世界に限定せず、科学、文化、言語学へと大きく広げていった。彼の最大の業績は──それ自体本書の中心テーマであるが──ハングル文字体系の創製だった。

世宗は1397年、朝鮮王朝の活動的な王である、第3代王太宗──ことによるとマキャベリアンであったとしても──の第3子として生まれる。2人の兄がいたため、たとえ勉強家であっても世宗は王位継承から除外されて然るべきだった。ところが彼にとっての幸運は、兄たちが、彼が才能があり、一方自分たちにはそれが欠けているということを認めたということである。2人とも、意図的に宮廷から身を引き──1人は行く当てもないさすらい人となり、もう1人は一介の仏僧となり果てた──、その結果1418年夏、若干20歳の世宗が即位することになる。

国防

　世宗は王として政治権力の無駄遣いをしなかった。統治2年目の1419年、彼は対馬の倭寇征伐のために軍隊を派遣、同島をいち早く征服し倭寇を服従させた。彼はまた、略奪的な中国と満州の遊牧民から朝鮮人を守るために北方国境地帯に要塞と駐屯地をずらりと築いた。このようにすることによって彼は今日の北朝鮮と中国との国境線を大体のところ決定づけたのである。加えて、彼は朝鮮の軍事技術の発展を支援し、とりわけ火薬と大砲の使用に関心を向けた。

科学技術

　実際のところ、世宗が後世まで貢献を残そうとしたのは、科学技術の分野であった。世宗の統治時代は明らかに科学的な探究と発明の時

光化門広場の世宗大王の銅像

世宗大王の年代記

1420

1420 世宗大王、集賢殿を開く

1429 著名な農書『農事直説』を集賢殿が発刊

1433 朝鮮の宮廷学者による天体観測が始まる

1397

1397 太宗王の第3子として誕生

1408 王位継承第1位・忠寧(チュンニョン)となる

1418 世宗王世子に任命される。この年、太宗王の退位に伴い即位する

1419 世宗大王、対馬の倭寇基地破壊のために征伐隊を派遣

1434 世宗大王、朝鮮地図作成を命じる

1442 偉大な科学者 蒋 英実(チャンヨンシル)による世界初の測雨器の発明

1443

1443 満州征伐のため軍隊を派遣

1443 ハングルの創製完了

1443-5 医学百科事典の編纂

1445 世宗大王、健康悪化により
王世子に日々の行政実務を
委譲

1445 『龍飛御天歌』発行

©Gyujanggak

1450

1446 訓民正音の公布

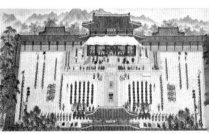

公布図

1447 『釈譜詳節』、『月印千江之
曲』、『東国瓊韻』出版

1450 世宗大王、死亡。享年53

代だった。王は蒋英実なる人物の才能を一目で認めその後援者となったが、蒋英実は朝鮮の社会的地位の最下層より這い上がり、やがて朝鮮史上最も優れた科学者・発明家の一人へと成長していった。王の支援の下、彼は見事で斬新なデザインの水時計、アーミラリ天球儀、日時計、そしておそらく最重要事というべき世界最初の測雨器を発明することで朝鮮の科学技術発展のため数々の貢献をした。

　世宗は国民生活の改善に科学技術を生かそうとした。王は国中から集めた最新の科学的農法を収めた農民向けの便覧『農事直説』の執筆を命じた。また――それまで中国の首都北京の緯度に合わせていた――朝鮮の暦法を、自国の実情をより正確に反映したものに改革した。さらに朝鮮の伝統医学に関する論文執筆をも監修した。

文化

　世宗は国の文化的発展に積極的な関心を抱いていた。この分野での

左：1433年科学者蒋英実がデザインした天球のモデル、アーミラリ天球儀

彼の最大の業績は韓国語字母ハングルの発展だった。だが彼はそれ以上のことを成し遂げた。景福宮内に、手ずから選抜した朝鮮最高の学者たちの集団、集賢殿を立ち上げたのだ（p34 参照）。朝鮮時代におけるこのシンクタンクは、さまざまな学問研究計画に参加していった。実際、ハングル文字体系の最初の作成者をもって任じたのはこの集団だった可能性がある。世宗はまた自ら多くの文学・学問論文を物し、音楽にまで関心を示して記譜法の開発、楽器の意匠の改善、管弦楽の作曲を指揮した。

社会正義

　世宗は国家の大本とみなしていた農民の税負担を軽くしようと考えた。王は「いかなる国にあってもその大本は平民にある。この大本が堅固であるときのみ、国は安定し繁栄しうる」と述べた。従って柔軟な税法を作り、困窮時には農民に減税を適用した。さらに、貧困層に

中央：世宗大王の統治時代用いられていた日時計、仰釜日晷（＝日影）
右：1434年蒋英実により発明された水時計、自撃漏

向けては、その救済のため余剰米を動員したりした。

言語学者・世宗

　世宗の数々の偉大な業績に隠れて比較的知られていないのが、彼が偉大な言語学者だった事実だ。彼は若い頃より学問に対し並々ならない関心を抱いていた。一日中、昼夜の区別なしに読書に明け暮れ健康悪化にいたったため、父親がやむを得ず読書を禁止し書籍を遠ざけたという記録があるほどだ。王世子の頃すでに十分学問を積んでいたことと推測できる。

　王座についたのち、世宗は深い言語学知識を披露した。当時の記録によると、ハングルに反対する学者崔萬理のしたためた上訴文をきっぱり拒絶している（p54参照）。崔萬理の主張は、漢字の音をハングルに置き換えるのは愚かしいということだった。そこで世宗は彼に、

どれほど音韻学を心得ているか、そしてどれほど多くの漢文の音と文字を知っているかを問いただしてみた。世宗は崔の考える言語学的価値体系に論理的な欠陥のあることに気づき、吏読システムの限界を詳しく指摘した。これは世宗の吏読研究と、該博な言語学知識を反映するものである。

　ハングル創製直後、世宗は韓国初の発音辞典『東国瓊韻』の編纂を命じた。これは申叔舟、崔恒、朴彭年ら学者たちにより1448年、王の名義で出版された。この編纂に当たっては、大量の中国語の発

読書中の王世子時代の世宗

音をハングルに変換することが必要だった。しかし、申叔舟が書いた序によれば、学者らは一つひとつの単語について世宗自身から同意を得ていた。以上のことから、当時の最も偉大な音声学者とは世宗その人以外の誰でもないということが推測できる。

遺産

　世宗は1450年、53歳で亡くなった。在位は約32年間だった。不幸なことに、彼の死後その統治を特徴づける安定と開化は、続かなかった。彼の長子文宗は王位についてわずか2年にして死を迎える。跡を継いだ世宗の幼い孫、端宗（タンジョン）はまだ12歳に過ぎない。その彼も在位3年で、世宗の第2子の世祖による政権転覆の憂き目に逢う。世祖——当人は自分が格別に有能な王であることを示そうとしたが——は集賢殿を廃し、その学者のうち6人を、反政府的扇動罪を理由に処刑した。

　しかし、世宗のあまたの文化的・科学的業績は生き続けており、と

『東国瓊韻』

りわけ最も有名なハングル文字体系は今日に及んでもずっと韓国語話者によって使用されている。

世宗大王の墓所（京畿道驪州）

ハングル博物館：世宗大王物語

　世宗大王物語展（ハングル博物館）は2009年10月9日、ソウルの光化門広場で開館された。最先端の展示物を通して、世宗大王の民主的理想とハングル創製について入場者に教えてくれる。ハングルのほかに、王が発明した様々な科学装置も展示されている。特別展示場のチアチア・ハングル物語室では、公式字母としてハングルをチアチア族が採用したことをわかりやすく説明し、地元の島民が、ハングルの採用以来、ハングルで学ぶ姿を撮った写真が目玉として展示されている。

　外国人訪問者は、英語、日本語、中国語、スペイン語で情報を提供してくれる視聴覚情報システムで、展示を十分楽しむことができる。

- ●展示時間：午前10時30分〜午後10時30分　　休館日：月曜日
- ●アクセス：5号線　光化門駅　2番出口を出て世宗像そば
- ●TEL：（02）399−1114〜6

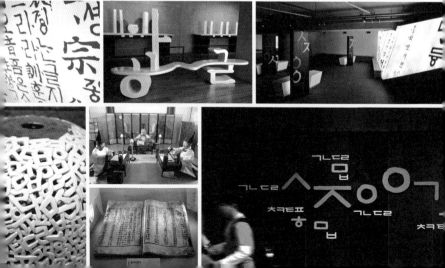

5

Chapter Five

ハングルの普及

当初、ハングルは学のある——そして男性の——エリートの間では、格別一般化されていなかった。新しい文字体系の発明が朝鮮のエリート儒学者らから広く歓迎されることはなかった。ある者にとっては、それに反対することはイデオロギーにかかわる問題だった。1444年、官吏でもあった儒学者の崔萬理は新しい文字の創製を非難し、それは中国の文明基準からの恥ずべき逸脱であり、野蛮人のやり方のものまねであるとした（p54参照）。しかしながらエリートの間でのこうしたハングル反対論の一部には、それがもたらす社会的衝撃への恐れがあったのだと思われる。朝鮮のエリートらは読み書きの能力と学問を独占することによって、自分たちの地位と権力を満喫していた。ハングル——それは国民の生活改善のために作られたのだが——は、この独占を覆すかもしれない脅威だった。後の何人かの王（特に燕山君）にいたっては、ハングルの学習と使用を禁止したほどだ。後代、ハングル文字が日常的に広く用いられるようになってもなお、政府は公式文書でのその使用を避け、これは19世紀末から20世紀初にかけての大韓帝国時代まで続いた。

識字率と女性文化の向上

　ハングルの影響力は朝鮮時代の「主流」社会においては限定的なものだった。それに上記の政治・文化的理由も加わりエリート階級からはほとんど無視されていた。にもかかわらずそれがインパクトを発揮したのは、女性社会（と女性文学）、とりわけ小説のような文学ジャンルだった。

　エリート家門の女性たちは新しい字母に親しみ、やがてこれが彼女らの詩と散文に深い影響を与えることになる。すべての国民——女性も含む——が読み書きできるようにという考えに基づいて作られたハングルを通じて、女性の文学生活はあまたの変化を経た。漢字を容易に使用できる教育をなかなか受けられなかった女性たちは、ハングルを通してはるかに自由に文字文化を楽しめるようになった。宮廷では、男性従僕が王妃にハングル文字の報告文を上奏し、王妃は同様にハングルで返信を書いた。したがってハングルは大切な通信手段となっていった。女性たちはますます、たびたびハングルの手紙のやり取りをするようになり、男性でさえ、嫁ぎ先の娘や遠方に住む家族への手紙にハングルを用いるようになった。女性読者向けにハングルで書かれた本もますます出版

王母・恵慶宮洪氏（ヘ ギョングングホン）（1735-1815）がハングルで記した『恨中録』は、宮廷文学の注目すべき例である。別名『泣血録』とも。

され、それらはハングル文字体系の普及と統持において大きな役割を果たした。

　ハングル文字体系が下層階級にもたらした効果は、実に甚大なものだった。エリート階級の学問と知識に対する支配を打ち破ることによって、ハングルはその後の朝鮮社会の性格を根本的に変えていった。たとえば農民——それまでは無知状態に置かれていたが——はいまや、農業の暦を読みながら季節に応じて農法を調整できるようになった。彼らは医学関連書も読めるようになって、実際、各家庭では、少なくとも誰かが普段から基本的な治療法を心得ていた。当時にあって、これほど誇るに値する教化された農民社会というのはほとんどない。ほぼ農村で占められていた朝鮮社会が、——まさにこの学びやすい文字体系のおかげで——20世紀に、前代未聞のことながら、目覚しい知識経済でもって産業デジタル社会へと急速に変貌を遂げていったのは、知識を文字の形で蓄積し後世に伝えることができたためである。またハングルの普及によって普通教育の立ち上げが可能になり、それにつれ国民の知的レベルが上昇し、民主主義政治システムが根を下ろせるようになった。

小説執筆

　ハングル文字体系の創製がもたらした最も興味深い事実は、文学の1ジャンルとしての小説の発達を大いに促したことである。これは朝鮮でハングル以前に小説が存在しなかったといっているのではない。あるにはあったが、ほとんどが漢文で書かれた神話めいた話か、でなければ中国小説の文学スタイルの模倣品だった。ところがハン

グル創製後、朝鮮で小説の執筆が興隆を見せ始めた。逆にハングルによる小説執筆は新しい文字体系の普及を促し、その結果、19世紀までに高位官吏から女性、ひいては召使、奴隷にいたる幅広い階層の国民がハングルを読み、理解することができるようになったのである。

儒教的徳の強要

　農民、下層民、女性を文盲状態から解き放つ役目を果たしたにもかかわらず、新しい字母は逆に、朝鮮王制の地位を強化した。ハングルで書かれた最初の作品に『龍飛御天歌』があるが、これは朝鮮王朝の基盤と王室の血統を賞賛する歌を集めたものである。本来は国家による宣伝の形だったのだが、学びやすい新字母のおかげで大衆にも十分消化された。

　ハングルはまた、儒教的徳の普及と強要の役割を担った。世宗大王は1434年、儒教規範についての絵解きの案内書『三綱行実図』を刊

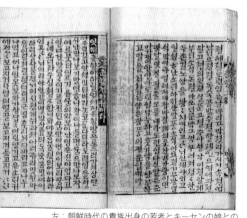

左：朝鮮時代の貴族出身の若者とキーセンの娘との恋物語である『春香伝』のようなハングル小説を、平民も読んで楽しめるようになった。

右：新しい文字体系の宣伝の取り組みの一環として世宗大王は、朝鮮王朝とその名高い先代たちの業績をたたえる内容の、初のハングル本である『龍飛御天歌』（1447年）をはじめ多くの書籍を刊行した。

行するよう命じた。だが本文が漢字からなっていたため、学のあるエリート以外にはその効果はさほどでなかった。1481年になってハングルに訳されることによって、新しい文字体系による初期作品の一つということになった。

中国式発音のハングルによる標準化の推移

　新しい文字体系がもたらしたもうひとつの大きな影響は、漢字の韓国式の発音を標準化したことだ。ハングルによる最初の印刷物のひとつに1448年に刊行された『東国瓊韻』がある。それは漢字の発音の

世宗大王vs崔萬理

ハングル字母の創製を誰もが喜んだわけではない。ハングル反対論者で最も有名なのが副提学の崔萬理だった。1444年、学者であり官吏である彼は他の儒学者らと共にしたためたハングル反対の上訴文を世宗に提出した。これは世宗大王のハングル文字体系創製に異を唱えるものだった。近代的視点からすれば彼の議論の基盤をなす大部分は受け入れがたいものであるかもしれないが、その反論は当時の朝鮮の多くの知的エリートの意見の反映として見ることができる。

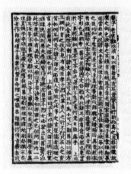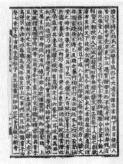

崔萬理の上訴文

統一を意図したものだった。それをめぐっては、朝鮮では多大な混乱が生じていたからだ。1368年に明朝が中国を支配してからは、中国語の発音を南方式から北方式へと移転する措置が採られた。中国の宋及び明の王朝の発音を参照しつつ、同書は、漢字の「正しい」発音を表わそうとしてハングルを用いた。中国語からの借用語が韓国語の語彙の60％を占めていただけに、この発音標準化というのは実に大きな発展であった。

近代におけるハングル

　ハングル文字体系は1894年、更なる近代化の計画の一環として、そして中国の影響から脱して朝鮮独立を促進しようとする努力の中で、正式の使用が許された。朝鮮の初等学校がハングルの教科書を使い始めたのは1895年のことで、翌1896年には独立新聞がハングル版と英語版で発行されることになった。

　ハングル文字体系の発展普及に対して、日本の韓半島に対する植民地支配が大きな影響を及ぼした。19世紀末から20世紀初期にかけて外国の影響が強まる中、朝鮮時代の階級構成は——これはハングル普及の最大の障害物だったが——崩壊する。1894年の甲午改革は朝鮮の階級システムを法的に廃止することを明示した。甲午改革はまた、それまで極めて重視された儒教の

1896年に発刊された初のハングル新聞である独立新聞は19世紀末の朝鮮社会の発展と民衆の啓蒙において大いなる役割を果たした。

文官試験、科挙制度を廃止に追い込んだ。科挙は中国帝国の文官試験に基づき中国古典の知識をテストし、朝鮮社会における漢字と漢文の強化を目指すものだった。

漢文もまた、20世紀初期朝鮮社会を襲った急激な変化に対処するのに適していないことがわかった。一方、ハングルはその融通性と使いやすさ、そして幅広い読者層ゆえに近代化にぴったり適していた。漢文はさらに、その漢字を解さない圧倒的大多数の大衆との意思疎通にも、彼らの説得にも不適切であることを露呈した。漢字を使わずに刷り出された独立新聞も影響力を示して見せた。

字母の改革は1921年および1930年に着手された。ハングル文字体系自体は1912年に標準化されている。国文研究所（後のハングル学会）が更なる改革に取りかかり、1933年にハングル綴字法統一案の発表を行った。この後者の改革は、こんにちの韓国と北朝鮮の近代的

朝鮮の言語社会と周時経 <ruby>周時経<rt>チュ シギョン</rt></ruby>

ハングル字母の発展普及で大きな役割を果たしたのはハングル学会だ。同学会は国文研究所として1908年、朝鮮の先駆的言語学者周時経（1876-1914）によって設立された。同学会は、1世紀以上もの間、特に日本植民地時代の困難な歳月を通じ、同学会は文字体系の保護、標準化、普及をたゆみなく行ってきた。実際、今われわれが字母を指して普通に使っている用語——ハングル——を1910年代初頭に作り出したのはこの学会だった。

　1876年現在の北朝鮮の黄海道に生を受けた周時経は1887年にソウルへ移住、ちょうどその頃新しく入ってきたばかりの西学に興味を抱いた。いくつかの新設の西洋式学校で言語学を学んだ後、独立運動家・徐載弼が立ち上げた韓国初の純ハングル新聞、独立新聞で1896年から働き始める。字母の標準化の必要性に気づいた彼は仲間らと共に1896年国文同式会を結成した。1897年徐載弼が米国に亡命してからは独立新聞を離れて他の新聞で執筆し、現在の梨花女子大学創設者である米国人宣教師W.B.スクラントンの朝鮮語講師として働いた。

　周時経は数カ所の学校で講師を務めながらも研究を片時も怠らなかった。また日曜日には朝鮮語教室を開き、ハングル字母の教育と普及にこれ努めた。日本による韓半島の強奪が障害になりながらも、1908年、彼は朝鮮語とその文字体系の研究・擁護のため国文研究所を設立した。その死まで休まず次々執筆出版された一連

正書法の基礎をなした。

　日本による植民地支配の最終段階においては学校でのハングル文字体系の使用が禁じられたが、1945年の植民地支配からの解放によりハングル字母の復活は遂げられた。その後、韓半島の南北分断に伴い、南北政府は別々に綴字改革を行っていった。韓国における直近の大々的な正書法改革は教育部によって1988年に行われた。

　こんにちハングルは14の単子音字母、10の単母音字母を基準にし、5つの並書、11の合成母音字母を加えた40文字からなる。数世紀かけ、多くの子音と母音が廃用にされてた。それらのうち最もしばしば出くわすのは「下方のア」と呼ばれる「、」で、かつてᄒᆞᆫᄀᆞᆯと記され、現在も商標などによく使われているのを目にするが、「ア」（ㅏ）の音を生かすために、やはり一般には廃用にされていった。

　歴史の渦巻きの中で冷遇され字母の変化もたびたび被りながら、ハ

周時経の銅像

の著作中で、彼は朝鮮語とハングル文字を理論的に体系化した。

　それと同じくらい重要なことだが、彼の学校からはあまたの著名な朝鮮語学者を輩出した。1921年、国語（朝鮮語）研究会が数人の卒業生の手で結成された。そして同研究所は1933年に統一的なハングル正書法を刊行し、これがこんにち韓国と北朝鮮の標準的正書法の基礎となっている。

　同研究所は1949年、現在よく知られた名であるハングル学会と改名された。現在それは韓国語に関する優れた韓国研究団体のひとつとして、とりわけ韓国語辞典の編集、学術誌の発行、そして学習者のための韓国語検定試験（KLPT（訳注：現KLAT））の実施指導などを責任をもって行っている。さらに、日本植民地支配からの解放以来、ハングルの専用（ハングル・漢字の併用でなく）を推進し、中国語からの借用語よりも韓国の単語をもっぱら使用するよう奨励している。

ングルはそれでも今なお韓半島の民衆の文字体系としての自らの位置を堅く守っている。将来のデジタル情報社会を展望しつつ、字母がその本来の創造性とすぐれた科学性に基づき今後とも一層発展していくことが期待される。

　新しい文字体系はまた、韓国の独立の気概と民族的矜持を高める役割をしている。何よりもここには、韓国言語のために韓国人が作った、中国とはまったく異なる完全にユニークな書法システムが存在するのである。これほど自慢に値する言語が、果たしてどれくらいあるだろうか。たとえこの矜持を、ハングルが野蛮で危険で破壊的だといってこれに反対した多くの中華思想エリートに当座は感じてもらえなかったとしても、なかんずく日本植民地時代の暗黒の日々にあって、文字体系は民族的アイデンティティのシンボルとなっていった。

ハングルの多様な呼び名

　ハングル創製時、中国に対する事大主義に慣れていた両班学者連中は新しい文字体系の出現を歓迎せず、それを漢文より劣るとした。そのため彼らは漢文で書かれた文書を「真書」と称する一方で、ハングルで書かれたものを「諺文」と呼んでさげすんだ。彼らはさらに男性中心社会承信奉からハングルを女性用の文字体系であると考え、それを「アムクル」（女書き）と呼んだ。加えて、漢文を学べない子供たちがハングルを使うのを見て「アヘックル」（幼書き）と呼んで軽蔑して拒絶した。それが屋外やトイレで読まれるものだと示唆する「ジックル」（外書き）と呼びさえした。

　開化期が到来し、朝鮮の近代化の取り組みが始まると、朝鮮の民衆は民族精神を抱いて再結集し、ユニークなハングル文字体系を高く評価してこれを「真正音」「民族的書法」と呼んだ。「ハングル」の用語を作ったのは、韓国人言語学者周時経（1876-1914）だった。最初訓

民正音と呼ばれ、年を追ってさまざまな名で呼ばれてきたこの文字は
その後、ハングルとして知られるにいたった。北朝鮮ではチョソンク
ル（朝鮮文字）と呼ばれている。

6

Chapter Six

デジタル時代のハングル

こんにち、韓国は最先端の情報技術、先進的な文化インフラ、そして格別の様々な文化ジャンルを生み出す能力を誇るダイナミックな国家になった。こうした能力の根底には、ハングル文字体系が横たわっている。数世紀前の世宗大王の創造性が言語上の難点を克服する実践的解決策として採用され、今21世紀の情報社会においてその真の価値を発揮している。

初声、中声、終声によるハングルの子音と母音の組み合わせの妙は、音節文字表の作成を可能にするに十分である。ハングルの優秀性は、近代印刷技術の適用を見ればより明らかである。

世界のどの国にも速くデジタルコンテンツを広めた韓国の能力は、実にハングル文字体系の成果なのだ。この文字体系はまことに理想的なことであるが、デジタル技術の活用に適しているのだ。インターネットを通じて、韓国人は世界中の人々と交流し、あらゆる種類の情報と知識を共有できる知的自由を享受している。今日の情報化社会のおかげで、韓国人は、知的格差がかなり解消された世界に住んでいる。

韓国は携帯電話技術でトップを走っており、ユーザー同士で携帯電

話のキーパッドによってメッセージ交換するスピードでは、文句なしに世界最速だ。韓国携帯電話のキーパッドはハングルに似て、基本の子音および母音にストロークを付け加える原理に基づいている。これは全部の字母を作るには最小限のキーが必要だということを意味している。

情報社会へ向けての理想

　ハングルは東アジアで最も効果的に機械化された文字体系であるため、英語のタイプライターに似たハングルのタイプライターの設計が可能だった。最初のうちは、音節ブロックを形作るために文字を組み合わせるというハングルの特徴的方式は、英語のタイプライターと違ってハングル・タイプライターを日常生活に取り入れるのをかなり困難にしていた。

韓国のコンピュータ・キーボードでは、14の子音は左側、12の母音は右側にある。この左右対称の配置のおかげで誰もがハングル文書の作成法を容易に学ぶことができる。

しかし20世紀のコンピュータ・ソフトウェアがハングルの音節ブロックを自動的に作ることができるようになってからは、機械としてのハングル・タイプライターが持つ不便さは取り除かれた。すなわち、○［∅/ng］を가［ga］の後ろにくっつけて音節ブロック강［gang］を形作るのか、あるいは別の音節集団가ㅇ［gao］を形作るのかをコンピュータが論理的に区分けできるのである。このような計算が可能であるのは、ハングルでは、母音で始まる音節が初声のプレースホルダーとして無音の○を用いるように設定されているからである。

　他の字母体系と違い、ハングルには多くの同類の子音・母音がある。したがって、キーボードをデザインするに当たって、左側に子音の14のキー、右側に母音の12のキーをといったふうに割り当てながら左右対称に配置することができるのである。韓国語の音節は子音と母音の連続で成り立っているので、この配列により認知的にも人間工学

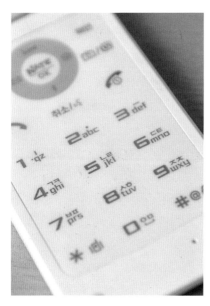

的にも使いやすいキーボードができるようになった。こうしてハングルはただ学びやすいだけでなく、これといった格別な訓練の必要もなしに、コンピュータ・キーボードを使ってハングル文書をたやすく作成できる。これらの利点により韓国ではコンピュータとインターネット普及が速く、これは通信技術力として国家の急速な発展をもたらした1つの要素となっている。

　携帯電話のキーパッドはコンピュータよりはるかに

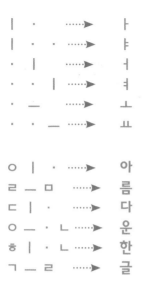

少ないが、ハングルのわずか8文字を基本にしてそこにストロークを付け加えたり文字を組み合わせるので、携帯電話でのハングルのメッセージ送信は、他の字母によるより便利で理解しやすい。この使いやすさと親しみやすさのため、韓国の携帯電話市場は一気に拡大した。その証拠に今若者の間でSMS（ショート・メッセージ・サービス）とその派生製品が幅広く活用されている。

　韓国の主な携帯電話メーカーは、自分たちのテキスト・インプット方式にハングルの基本原理を適用している。特に注目すべきは「天・地・人」の原則である。ハングルには14の子音と10の母音があるが、母音はそのすべてが韓国語のキーパッドに示されるわけではない。ただ最も基礎的で単純な母音が示され、残りはそれにストロークをつけ加えることで完成させる。1443年にハングルが発明されたとき、天・地・人の概念は3つの基礎的な母音（・、＿、｜）の形で表現された。いくつかの携帯電話キーパッドを見ると、たった3つのこれらの母音

世界携帯早打ち大会で韓国が優勝

ペ・ヨンホとハ・モクミンの韓国チームが、2010年1月ニューヨークで開催された、携帯電話の早打ち競技大会であるLGモバイルワールドカップで優勝した。13カ国のチームを数えるトーナメントでは、出場者がスクロールされた文字を自分の携帯電話器にコピーしていった。言語は異なるが、文字の数は同じ

だ。以上のことは、同じスペースでもより多くの音を表現できるハングルがモバイル環境に理想的に適していることを物語っている。

のみ表示しておいて、他の必要な字母はこれら3つにキーを打ちながら付け加えていく。ㅏ（ㅣ＋・）、ㅓ（・＋ㅣ）、ㅗ（・＋ㅡ）、ㅜ（ㅡ＋・）、ㅡ、ㅣといった具合である。これら能率的なキーパッド入力方式は国際特許により保護されながら、外国製の携帯電話に対する進入障害の役割をも果たしている。

ハングルと「デジタル・ノマド」

21世紀の情報化社会の発達は通信形態と情報の増大、更なる独創的なアイデアの創造を加速している。その過程で、コンピュータとインターネット技術超えた効率的言語情報管理技術への需要が増しつつある。言語情報管理はひと言で言うなら、コンピュータが人間の言語を理解する能力のことで、人間の言語知識をコンピュータに組み込むことを可能にし、そうすることでかつて人類によってのみ遂行されて

韓国におけるカーナビ・システム（GPS）もまたコンピュータや携帯電話同様、
画面タッチで新しい音節を作るキーパッドを使用している。

きた知的な課題をコンピュータが担うことができるのである。コンピュータが、「世宗大王は何年にハングルを発明したのか」といった質問に答えたり、文書を自動的に要約・分類したりする役目をするだけでなく、すでに、より知的であるとされるおいてあらゆる言語を翻訳する技術も存在している。

　このように国や言語の違いを超え、世界を1つのものにしているデジタル文明時代でのハングルの地位は、向上し続けると思われる。発明以来は、ハングルは「素性」というデジタル的理論を活用してきたし、それはモバイル機材を偏愛する「デジタル・ノマド」たちの思考と行動によく適しているのである。またハングルは音節文字体系の特徴を持つ音素文字体系であるので、典型的なアルファベットと音節文字体系を結つの橋渡しの役目も十分に果たせる。

Chapter Seven

グローバル化する
ハングル

ハングルは世界中の人々の言語生活様式に影響を与えている。近
い将来の注目に値する課題は、自前の文字体系を持たない人た
ちの間でハングル文字体系の使用を促すことである。そうすることに
より、世宗大王のハングルの類まれな聡明さ不滅なものとなり、韓半
島から遠く離れた国の人々から高い評価を受けることができる。

多言語字母としての潜在力

　ハングルは音素文字体系として合理的に出来上がっており学びやす
いので、韓国語話者地域のみならず、他の言語圏の文字体系としても
十分適用可能である。現在さまざまな言語圏では、それが自分たちの
基本言語に合うよう工夫をして適用しているローマ字を使っているが、
ハングルもまた、多くの言語のための文字体系として用いられるに値
する潜在力を持っている。実際、それは組み立て、効率性、学びやす
さという面からして理想的な多言語文字体系である。

　過去数十年間、ユネスコは識字率を高めるための世界中の多くのプロジェクトを支援することで克服の取りくみに注力してきた。こうした施策ににもかかわらず、ユネスコは、その研究によって、数多くの国々がいまだ非識字率50％を越えており、世界の言語のうち20％は文字体系の確立がなされておらず、いつ全滅の危機を迎えるかわからない状態であることを確認している。特に21世紀になって人類社会がサイバー空間の世界にまで踏み込み、地球的に影響力のある一握りの言語による支配が強まる一方で、わずかな使用者しか持たない非主流の言語がますます増え、徐々にのけ者にされている。

　世界を覆った人間の争いによる数々の紛争や事件に照らしてみると、文化的・言語的な多様性の喪失なしに誰もが自由平等に意思疎通できる未来というのは、どう考えても、夢物語であるかもしれない。しかしながら、人々はすべて力を合わせ、多くの人たちが文字体系をもてず文字を学べず近代文明社会の主流から疎外され弾き飛ばされている

外国人向けのハングル書道教室

現在の世界の状況を改善する必要がある。文字体系を維持できずそれ
を学ぶ機会にも恵まれない人々にとって、ハングルは実現可能な選択
肢である。近年、多言語文字体系としてのハングルのとてつもない潜
在力は、韓国のみならず海外でも十分に認められている。それを文盲
の克服のために戦っている人たちの手で、文字体系として使用すべき
であると、今まで以上に多くの人々が提言している。

グローバル化する韓国の文字体系

　2009年、ユネスコは『世界危機言語アトラス』を発表する。それ
によると、世界の約6,000言語中2,500ほどが消滅の危機に瀕してい
る。また過去3世代の間にすでに約200言語が消滅し、199が現在滅
亡間際の状態に置かれ、それぞれ使用者が10人に満たないと言う。
インドネシア・スラウェシ州のブトゥン島に住む人口6万の少数部族
チアチア族の場合、彼らは自身の言葉を持ちながらもそれをあらわす
文字体系を持たないがゆえに言語が消滅の危機に晒された。ところが
ハングルを公式の文字体系として採用することにより、今では自らの
独自の言語を守り、かつての王国建国と同時に開花した祖先の文化と
長い歴史を記録の形で残せるようになった。
　チアチア族によるハングルの採用は、チアチア語独特の音をよりよ
く表現する文字体系がほかになかったというのが理由である。実際、
チアチア語をハングルで記したところ、約80％の文字がそれらの元
の音を保持できた。ハングルで再現できない音ですら、ハングルの子
音と母音の組み合わせにより新たに表現することができた。ハングル
の方がローマ字以上によくチアチア語のニュアンスを表現できるとも
言われている。1443年ハングル創製時に世宗大王が『朝鮮王朝実録』
で賛美したように、ハングルは単純であるが無限の柔軟性に富んでい
る。それは566年後、インドネシアの小さな島で証明されることに

チアチア族

　チアチア語は、インドネシアのブトゥン島のバウバウ村およびその周辺の人々が話すオーストロネシア語族のひとつである。近隣のエスニックグループの言葉ウォリオ語によく似ている。15世紀、現在のマレーシアからの移住者がブトゥン島に王国を打ち建てた。1540年王がイスラム教に改宗、王国はイスラム国家に変貌し、これが1960年のインドネシア共和国への編入のときまで続いた。住民はほとんどが農漁業と船作りに携わっている。

　チアチア語は伝統的に、マレー語を書くのにずっと用いられたアラビア語起源の文字ジャウィ文字に似た文字で書かれてきた。しかし2009年バウバウ市はハングル学会との間に了解覚書（MOU）を締結し、公式の文字体系としてハングルを採用した。

2009年、チアチア族は公式の
文字体系としてハングルを選択した。

ハングルで書かれた
チアチア語の教科書

なった。

2010年の上海万博での韓国館

世宗大王識字賞

文盲撲滅の戦いの表彰

　第二次世界大戦終結直後に発足したユネスコは、世界の文盲の克服を第一目標に掲げた。これはユネスコの指導層が次のことを認めたからである。すなわち文盲をなくさない限り、世界平和の保障も、経済や社会の発展も、適切な人口の維持も、民主主義の推進もありえない、と。

　爾来、ユネスコは文盲状態の払拭を目指し、うむことなく協調努力を続けてきた。その中には、韓国外交部の後援を受け1989年に設置された世宗大王識字賞も含まれる。毎年、国際識字デーとされる9月8日、パリのユネスコ本部は母語の発達・普及に貢献した発展途上国2単位の個人もしくは団体を選出し、15,000ドルの賞金と世宗大王銀メダルを授与する。

　2006年には、トルコの母子教育基金と、キューバ共和国のラテンアメリカおよびカリブ言語学研究所に属する青年・成人識字教育学講座がユネスコから表彰された。前者は5百万人超の視聴者に教音コンテンツプログラムを提供する遠隔教育番組「アワー・クラス」を通じて女性の権利向上に貢献したことが認められ、後者は個人および社会集団の潜在力発掘の努力を続け、エクアドルなど15カ国で「イエス・アイ・キャン」を行ったことが評価された。

　2007年には、タンザニアの児童書プロジェクトとセネガルのトスタンという2つのNGOが賞に届いた。前者はスワヒリ語の書籍を製作し、教師、文筆家、出版人を育成しており、後者は女性の地位向上と地域社会の能力の強化に努力を傾けている。

2009年度ユネスコ世宗大王識字賞入賞者

ユネスコ世宗大王識字賞の受賞者（最近の受賞者）

2009年　ニランタール（ジェンダーと教育のためのセンター）のカバル・ラハリヤ（ニュースウェーブ）プロジェクト（インド）
　　　　タン・チュアの識字及び非正規教育プログラム（ブルキナファソ）

2008年　ピープルズ・アクション・フォーラム、反省とHIV／エイズ（ザンビア）
　　　　BBC-RAW（読み書き）（英国）

2007年　TOSTAN（セネガル）
　　　　チルドレンズ・ブック（児童書）・プロジェクト（タンザニア連合共和国）

2006年　キューバ共和国ラテンアメリカ・カリブ海教育研究所の青年・成人識字・教育講座（キューバ）
　　　　マザー・チャイルド（母子）教育財団（トルコ）

2005年　AULA文化協会（スペイン）
　　　　GOALスーダン（スーダン）

2004年　連帯識字能力（ブラジル）
　　　　青海省識字教育運営集団（中国）

2003年　テンバテトゥ地区教育センター（南アフリカ）
　　　　インターナショナル・リフレクト・サークル（国際熟考サークル）（CIRAC）──60か国の350NGO及び政府機関のネットワーク

2002年　成人教育地域センター（エジプトに本部）
　　　　識字コミュニティ評議会財団（パキスタン）

2001年　甘粛省天水教育委員会（中国）
　　　　アルファチボナイト／アルファ・ダサリン・プロジェクト（ハイチ）

8

Chapter Eight

文化活動を促すハングル

ハングルは、アートの世界でユニークな素材として取り上げられている。有名デザイナーの衣料、携帯電話、ネクタイのような品目が、芸術的モチーフにハングルを採用しており、またそれは消費者に広く迎え入れられている。こうしてハングルは、文化芸術分野にますます多様に適用されて、基本的なコミュニケーション手段以上のものとなっている。

ハングルを海外で目にする機会が急速に増えてきている。たとえばユネスコ本部の入り口に飾られたハングルの芸術作品や、英国のビクトリア＆アルバート博物館の入り口に展示されているハングルの彫刻などがそれだ。日本・東京の地下鉄ではハングルの室内標識が目に付き、中国の主要道路に沿っては、サムスンの広告板が今ではごく普通に見られる。

最近、ハングルへの関心が韓国内外で高まっている。韓国語の字母はその科学的で合理的な構造と品のある美しさなど、多くの理由で脚光を浴びている。

過去10年間で、ハングルの評判は国際舞台でしばしば急速な上昇

を見せた。ハングルの発明過程と発明理由、そして文字体系の原理を詳しく説明した啓蒙的な文書である「訓民正音」が1997年10月ユネスコの世界記憶遺産に登録されるにいたったとき、ハングルは大きな注目を浴びた。ハングルの地位が高まるにつれ、それはファッション、パフォーマンス、映画のような分野におけるテーマとして取り上げられるようになった。さらにその文字の持つ独特な美しさに関して徹底的な研究が進められ、文化的源泉としてのハングルの黄金時代の到来を告げた。

インスタレーションアーチスト、カン・イクチョンの「青春」。厳しい選考過程をへて選出された、ハングル字母に基づくその作品はパリのユネスコ本部に永久設置されることになった。

ファッション、舞踊およびデザインにおけるハングル

2006年2月、ファッションデザイナーのイ・サンボンは、フランス・パリ在住の画家林玉相^{イムオクサン}のハングルのカリグラフィをあしらった服装のシリーズを発表した。むろん最初、文字は誰にもわからずちんぷんかんぷんだったが、ひとたびモデルが舞台の道を歩き始めるや、観客は活気づいた。黒と白の大胆なハングルのカリグラフィの筆使いは、オートクチュール作品を完全に補うものだった。このファッションラインに対するイのインスピレーションは友人の林からの手書きの文字から来ている。林はハングルの現代風の書き方という点でイに相当に強い印象を与えたようだ。「アジア的だが同時に現代的美学」を備えて賛美され、「抽象的造形美と服装デザインのハーモニー」を表現しているとい

デザイナー、イ・サンボンの
ハングル・コレクション。
ハングルカリグラフィの
黒と白の劇的な筆使いが、
パリのファッションショーの
オートクチュール作品のために
抽象的で美的な装飾性を提供した。

われた彼の作品は、ファッション界に巨大な印象を与えた。

　ハングルを生活の中にしみこませようとする努力の例として、ミルムル・モダンダンス・カンパニーに言及する必要がある。1984年結成のこの舞踊団は、1991年以降、人間の肉体と踊りの動きの優美さを通じてハングル文字を表現する作品群を上演し続けてきた。「瞬間の芸術」といわれる舞踊と情報記録に使用される文字との組み合わせは、まさに新鮮な風が吹き込んできたような思いを抱かせた。この集団は引き続き、ダンサーのしなやかな肉体を通じハングル文字を形作り、ハングル文字体系の原理とその背景や歴史を象徴する実験作を繰り広げている。

ミルムル・モダンダンス・カンパニー

　ミルムル・モダンダンス・カンパニーは1984年に結成され、韓国のモダンダンスの発展に大いに寄与してきた。振付け師兼美術監督の李スクジェが率いるこの集団は、ダンサーの肉体により文字と単語を作るという、ハングルをテーマとする新しいレパートリーを毎年紹介している。

カリグラフィとタイポグラフィ

　ハングルの芸術美はまた韓国の映画産業によっても歴然としており、韓国映画は国内外でヒットを飛ばし続けている。このことは、「殺人の追憶」（2003年）、「ブラザーフッド」（2003年）、「王の男」（2005年）、「グエムル──漢江の怪物──」（2006年）、「シークレット・サンシャイン」（2007年）、「ファン・ジニ」（2007年）などの韓国映画のポスターから見て取れる。映画のタイトルはすべてハングルのカリグラフィで書かれている。「トランスフォーマー」、「シュレック3」のような外国映画も例外でなく、作品のストーリーを活き活きと伝えるデジタルのカリグラフィを使ったポスターばかりだ。

　こんにち、ハングルが応用されるのは芸術分野だけでなく、商業目的の領域もそうで、それはあちこちでごく普通に見受けられる。たとえばコンビニや小規模の店では、飲料、スナック、化粧品などあり余るほどの商品が、大胆な筆使いで書かれたさまざまなスタイリッシュなカリグラフィによって装飾されている。

　ハングルはまた電子器具のデザインにも広く用いられている。2006年10月、ＬＧは新型のシャイン・デザイナー・エディションの携帯電話を導入したが、その裏面には手書きのハングルによる、有名な詩人尹東柱の詩「星を数える夜」からの引用が見られる。装飾にも似た手書き文字である。「季節が過ぎゆく空には／秋がいっぱいに満ちています／私は何の心配もなく／秋の中の星たちをすべて数えられそうです」というものだ。この特色あるタッチが、飽和気味の携帯電話市場においてさえ消費者を味方にする一助になるのである。

デザイナー李ギョンマンはハングルと韓国関連のモチーフをあしらった消費者向製品製作の先頭を走ってきた。
ＬＧ携帯電話「シャイン」
©LG Electronics

　さらにハングルは陶芸、彫刻、西洋画のようなバラエティーに富んだ分野においても、テーマに選ばれている。そこではハングル文字の形がフォントデザインとカリグラフィ作品に適用されている。ハングルの自然の美しさを示す無数の芸術作品例がある。そしてしばしば筆を使ったタッチのハングルカリグラフィによって、消費者製品の上にハングルが添えられたものがますます増えている。

　ハングルカリグラフィ普及運動の最前部を占めているのがデザインスタジオのピルムクで、これまで筆タッチのハングルのカリグラフィに基づくいろんな作品を作ってきた。同スタジオでは数多くの分野への進出を積極的に試みている。たとえば映画ポスター、ブックカバー、コマーシャル、製品ロゴ、看板などの製作である。キムチ冷蔵庫の表面に図案を施したものまであるが、これはキムチのちゃんとした貯蔵を意図したものだ。

　ハングルのレタリングが生み出す優美な形は、新聞雑誌、書籍などに用いられるおよそ200ものハングルの書体の開発につながった。しかし出版物以外では採用価値のあるものとして選ばれることはほとん

ハングルの商業への適用例の一部

1. 文化体育観光部本庁舎に掲げられたハングル賛美の垂れ幕
2. 光化門広場の世宗大王物語館にある、ハングルを彫りつけた陶磁器
3. グリーン・グロース・コリアのための独特なロゴ・デザイン
4. 仁寺洞の喫茶店の表の看板
5-6. カルミ・パークにある、ハングル使用のインスタレーションアート

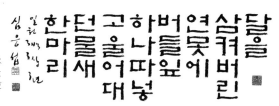

달을 삼 연 하 버 고 던 한
켜버린 못에 잎에 나 들 울 물 마
          따 어 새 리
          넝 새

沈ウンソプのカリグラフィは
生活の中にたゆむことなく
ハングルの美を持ち込んだ

칭찬은 긍정적 가치를 확대시키는 힘이다
칭 심은섭

6

どない。いろんな書体の中で、インターネットのコンテンツは角張っていてこわばった四角形の文字に特徴のあるドゥダムやグリムを使用する傾向がある。ビットマップ文字はピクセルでできていて、端っこがギザギザした文字が「階段」効果へと導く。ドゥダムとグリムはほかのどれよりよいのだが、階段効果へと傾きやすい。見ているうちに疲れてくるし、その不規則な文字の位置のせいで美学的なアピール力が弱まる。

これらの問題の根本原因は、米国のソフトウェア開発メーカーのマイクロソフトによって開発されたウィンドウズのOS普及にある。マイクロソフトはハングル文字との近似性が欠けているのをものともせずハングル書体を選択した。したがって、ハングルのフォントがインターネットユーザーに、もっと読みやすいようになることが差し迫って、求められている。もしハングルが現在の情報社会のこの基本的なメディアと歩調をそろえられないなら、意思疎通手段としてのその本来の目的は不可避的に損われてしまうであろう。

こうした要求にかんがみ、マイクロソフトはより良いフォント技術を取り入れ、既存のフォントの課題に取り組み、読みやすく質のよいテキストを通じたハングル・フォント環境の改善に注力してきた。こうした取り組み並びにより良いスクリプトの支援の一環として、ハングル・フォント開発会社サンドール・コミュニケーションと連携し、モニターメニュー及びオフィスやエクセルなどのマイクロソフトのプログラムに使用される新しいユーザー・インターフェイス（UI）フォントのクリア・ゴシックを開発した。ユーザーはこれまで、韓国のドキュメントで

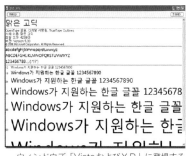

ウィンドウズ「VistaおよびＸＰ」に登場する
「クリア・ゴシック」

아름다운 한글 12345678910 abcdefghijklmopqrs

아름다운 한글 12345678910 abcdefghijk

아름다운 한글 1234567 abcdefg

아름다운 한글 1234 abcdef

- Chosun Ilbo Myeongjo Regular

아름다운 한글 12345678910 abcdefghijklmopqrs

아름다운 한글 12345678910 abcdefghijk

아름다운 한글 1234567 abcdefg

아름다운 한글 1234 abcdef

- Seoul Namsanche Bold

아름다운 한글 12345678910 abcdefghijklmopqrs

아름다운 한글 12345678910 abcdefghijk

아름다운 한글 1234567 abcdefg

아름다운 한글 1234 abcdef

- Seoul Hangangche Medium

「ソウル文字」。韓国のユニークな言葉に対する誇りを高めた。漢江や南山のようなソウルの
名所を参照して作られている。

タイポグラフィデザイナー、安尚秀 <ruby>安尚秀<rt>アンサンス</rt></ruby>

書体をデザインする取り組みは、タイポグラフィの発展と密接な関係がある。韓国のタイポグラフィデザインのトップランナーである安尚秀は、1980年代初以来ハングルのタイポグラフィに強く関心を深めてきた。月刊雑誌「マダン」のレイアウト・デザイナーとして、彼はハングルの書体に付きまとう単調さと固さを克服しようとしてマダン書体を深めてきた。1985年、彼はグラフィックデザイン会社、安グラフィックを設立、自分の名前をつけた書体を導入した。

元来、ハングルはその伝統的な四角い枠から逃れることができなかった。だが安尚秀の書体は、この因習を大胆に打ち破り、ハングルの書体の多様化を押し進めた。高度に創造的な革新を持ち込むことによりハングルの新しい形を生み出し続けている。

ドイツのライプチッヒ市は次のような評価を下しながら、2007年度グーテンベルク賞*を彼に与えた。受賞理由は次の通り。「彼は類まれな芸術的可能性と特色ある感性を秘めたタイポグラファーであり、その革新的な書体作りとタイポグラフィデザインを通してハングルタイポグラフィの刷新に劇的な貢献を行ってきた。」

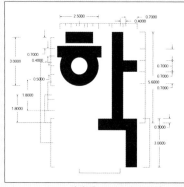

安尚秀のフォント・モジュール

*グーテンベルク賞は、金属活字の発明者ヨハネス・グーテンベルク（1398-1468）を記念して1959年に創設された。本のイラスト、編集、製作と共にタイポグラフィの発展に貢献した個人や団体を表彰する。

バタン体を長年使用してきたが、今では豊かなフォント環境に恵まれるにいたった。

　ハングル書体の普及で主な役割を果たしたのは日刊新聞の朝鮮日報である。2000年に同紙が導入した活字の字面は、特にインターネット使用に向けたデザイン研究に5年間を費やした末に完成されたものである。韓国でもそうだが、タイポグラフィの刷新の取り組みはふつう、新聞社によって行われる。2007年の初め、朝鮮日報社は朝鮮日報明朝体を無料で提供し、現在の印刷メディアのために特別にデザインされたハングル書体を各新聞社が用いる機会を与え、また、ハンギョレ新聞とサムスン・グループは将来にできれば関連する取り組みが行われるよう提案する、ハングル書体に関する独自の研究論文を発表している。

　都市というものは新たな書体の開発のためにメディアと会社を結び付けるのである。ソウル特別市庁は2008年8月に市のアイデンティティとブランド価値を高める7つの新しいフォントの開発を公表した。そこには明朝型ソウル漢江体（細、中）とゴシック型ソウル南山体（細、中、太、特太）のフォントが含まれていた。新しいフォントはソウルの歴史、伝統、文化、社会を反映すべく作られている。ただし、どれもモダンなタッチである。広告板や標識用に縦組み体も使われる。ソウル——この都市では科学的な文字体系が民草のことを思って創製されたし、世界初の金属活字の発明もなされた——は、よそでは見られない独特なフォント作りに成功し、それらはハングル文字体系を持つ誇りをかきたて、都市独自のアイデンティティを表現している。

文化探求への刺激

　その発明後、訓民正音はすぐに広範な歓迎を受けたわけではなかった。エリート階級は「下等文字」「女文字」「子供文字」などと見くび

るように揶揄したものだ。一方、日本植民地時代（1910-1945）には、躍起になった日本政府の朝鮮文化抹殺政策の一環として、ハングルはその使用を禁じられ、ハングルは闇に葬り去られた。しかしハングルはこれらの難局を乗り越え生き延びる努力をしてきたし、今では国内外で特別な文字体系として認定されている。そればかりか、それは斬新な芸術・文化作品の創造にも積極的に用いられている。

　文化活動と商業活用の着想源としてハングルがどれほど役立っているかを眺めるのは喜ばしいことだ。実にハングルはもはや言語学の領域にとどまらない。世界中の人々がこの世界に一つしかない文字体系にだんだん関心を抱き始めているからである。韓流ブーム、そしてグローバルマーケットに深く根付いた主要企業の増大する影響力のおかげで、これまで以上の人たちが韓国へ韓国語を学びにやってくる一方で、海外で韓国関連分野を専攻する学生の数も急速に増えつつある。ハングルの文化的価値が高まれば高まるほど韓国人はハングルの適用をいっそう洗練していかなければならない。そうしてこそ、ハングルは創造性と革新の源泉の役割を果たすことができる。

ハングルのさまざまな書体

뿌리 깊은 나무는 바람에 흔들리지 않으니

탈윤체 Talyunche Font

뿌리 깊은 나무는 바람에 흔들리지 않으니

태백산맥 Taebaeksanmaek Font

뿌리 깊은 나무는 바람에 흔들리지 않으니

율려 Yullyeo Font

뿌리 깊은 나무는 바람에 흔들리지 않으니

안상수 Ahn Sang-soo Font

뿌리 깊은 나무는 바람에 흔들리지 않으니

초코쿠키 Chocolate Cookie Font

뿌리 깊은 나무는 바람에 흔들리지 않으니

쿨재즈 Cool Jazz Font

뿌리 깊은 나무는 바람에 흔들리지 않으니

문화 Munhwa Font

뿌리 깊은 나무는 바람에 흔들리지 않으니

궁서 Gungseo Font

뿌리 깊은 나무는 바람에 흔들리지 않으니

곰팡이 Gompangi Font

뿌리 깊은 나무는 바람에 흔들리지 않으니

맹꽁이 Maengkkongi Font

뿌리 깊은 나무는 바람에 흔들리지 않으니

사오정 Saojeong Font

뿌리 깊은 나무는 바람에 흔들리지 않으니

불탄고딕 Bultan Gothic Font

뿌리 깊은 나무는 바람에 흔들리지 않으니

아스팔트 Asphalt Font

뿌리 깊은 나무는 바람에 흔들리지 않으니

아이리스 Iris Font

뿌리 깊은 나무는 바람에 흔들리지 않으니

우리목각 Uri Mokgak Font

뿌리 깊은 나무는 바람에 흔들리지 않으니

운현궁 Unhyeongung Font

뿌리 깊은 나무는 바람에 흔들리지 않으니

자유 Jayu Font

付録

韓国語を学ぶための情報

韓国語の国際的普及の進展に伴って、ハングルは、もはや世界の人々にとってなじみのない文字体系ではなくなっている。第二の言語又は外国語として韓国語を学習することに興味を持っている韓国在住の外国人に韓国語専攻課程を提供している大学・大学院は、韓国に20校ほどある。これらの正規教育機関に加えて、国際語学学校とか外国語センターなどの、様々な大学に付属した教育機関が150校ほどある。この数は、民間語学学校を入れれば、劇的に増えることだろう。

　韓国国際交流財団の『海外韓国語研究学白書』（2007年）によれば、2005年において、世界各国の約735の大学が韓国語研究課程を提供し

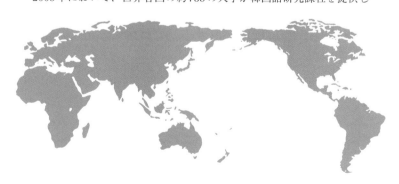

ているという。国際韓国語財団（IKLF）が2005年にまとめた資料によると、韓国語研究課程を提供する北東アジアの大学は、380校あり、欧州、南北アメリカ、オセアニアなどでは、韓国語研究課程を持つ大学は、約640校あるという。

　この数は、英語又は中国語のように、世界中にはるかに多くの話者がいる言語のそれに比べると、むしろ取るに足らないものである。しかし、ハングルが、——世界全体がより緊密になると共に——韓国と国際社会を結び付ける正真正銘の国際的文字体系としての地位を主張し、それによって韓国語を国際語として確立する日は、急速に近づきつつあるのである。（訳注：下記固有名詞で日本語定訳のないものは、適訳であることをお断りする）

語学学校

韓国の韓国語学校

韓国語を学ぶことに本当に真剣なら、大学付属の韓国語語学学校に入学するか、または韓国語課程を専攻したいとおもうだろう。

ソウル

- Chung-Ang Univ. Language Institute
中央大学言語教育院
Tel 02-820-6237　　Website http://korean.cau.ac.kr
- Dongguk Univ. Center for Korean Language Education
東国大学韓国語教育院
Tel 02-2260-3472　　Website http://iie.dongguk.edu
- Ewha Language Center
梨花女子大学言語教育院
Tel 02-3277-318　　Website http://elc.ewha.ac.kr
- Hansung Univ. Korean Language Institute
漢城大学韓国語学院
Tel 02-760-4374　　Website http://language.hansung.ac.kr
- Hankuk Univ. of Foreign Studies, Center for Korean Language &

Culture

韓国外国語大学韓国語文化教育院

Tel 02-2173-2260　　Website www.hufs.ac.kr/hufskorean

· Hongik Univ. Korean Language Institute

弘益大学国際言語教育院

Tel 02-320-1368　　Website http://huniv.hongik.ac.kr/HILEC

· Konkuk Univ. Language Institute

建国大学言語教育院

Tel 02-450-3075　　Website http://kfli.konkuk.ac.kr

· KMU Institute of International Education

啓明大学国際教育院

Tel 02-910-5815　　Website http://iie.kookmin.ac.kr

· Korea Univ. Korean Language & Culture Center

高麗大学韓国語文化教育センター

Tel 02-3290-2971　　Website http://kola.korea.ac.kr

· Kwangwoon Univ. Institute of Language Education

光云大学韓国語文化教育センター

Tel 02-940-5304~6　　Website http://kile.kw.ac.kr

· Kyung Hee Univ. Institute of International Education

慶熙大学国際教育院

Tel 02-961-0081　　Website http://kor.iie.ac.kr

· Myongji Univ. Institute of International Education

明知大学国際教育院

Tel 02-300-1511　　Website www.mju.ac.kr

· Seoul National Univ. Language Education Institute

ソウル大学言語教育院

Tel 02-880-5483　　Website http://language.snu.ac.kr

· Sogang Univ. Korean Language Education Center

西江大学韓国語教育院

Tel 02-705-8088~9　　Website http://klec.sogang.ac.kr

· Sookmyung Women's Univ. International Institute of Language Education

淑明女子大学国際言語教育院

Tel 02-710-9165　　Website www.lingua-express.com

· SungKongHoe Univ. Korea Language School

聖公会大学韓国語教育院

Tel 02- 2610-4802　　Website http://studykorean.skhu.ac.kr

· Sungkyunkwan Univ. Sungkyun Language Institute

成均館大学成均語学院
Tel 02-760-1341   Website http://home.skku.edu/~sli
・Yonsei Univ. Korea Language Institute
延世大学言語研究教育院
Tel 02-2123-8550~2   Website www.yskli.com

仁川-京畿地域

・Inchon Univ. Language Institute
仁川大学言語教育院
Tel 032-835-9551   Website http://english.incheon.ac.kr
・INHA Language Training Center
仁荷大学言語教育院
Tel 032-860-8272   Website http://site.inha.ac.kr/ltc
・Dankook Univ. International Language School
檀国大学国際語学院
Tel 031-8005-2601   Website http://k2.dankook.ac.kr/user/ildku
・Hallym University Korean Language Education Center
翰林大学韓国語教育院
Tel 033-248-2973   Website www.klec.or.kr
・Hanyang University-Ansan International Language Institute
漢陽大学ERICAキャンパス国際語学院
Tel 031-400-5842   Website http://ili.hanyang.ac.kr
・Kimpo College International Education Center
金浦大学国際教育院
Tel 031-999-4650   Website http://kiec.kimpo.ac.kr

大田-忠清南道地域

・Chungbook Univ. CBNU International Education Center
忠北大学CBNU国際教育院
Tel 043-261-3214   Website http://cie.chungbuk.ac.kr
・Chungnam National Univ. Korea Language Education Center
忠南大学国際言語教育院
Tel 042-821-8804   Website http://dream.cnu.ac.kr
・Hoseo Univ. Hoseo International Exchange & Education Center
湖西大学湖西国際交流教育教育院
Tel 042-541-5273   Website http://ieec.hoseo.edu
・Paichai Univ. Educational Center for Korean as a Foreign Language

培材大学言語教育院
Tel 042-520-5730　　Website http://w2.pcu.ac.kr/~eckfl/renewal
· Sun Moon Univ. Korean Language Institute
鮮文大学韓国語教育院
Tel 041-559-1333　　Website http://kli.sunmoon.ac.kr

釜山

· Dong-A Univ. Office of International Affairs
東亜大学国際交流処
Tel 051-200-6342　　Website http://global.donga.ac.kr
· Dongeui Univ. Center of Korean
東義大学韓国語教育院
Tel 051-890-1770　　Website http://language.deu.ac.kr
· Dongseo Language Center
東西語学教育院
Tel 051-320-2097　　Website http://kowon.dongseo.ac.kr
· PNU International Language Institute
釜山大学言語教育院
Tel 051-510-1984　　Website http://pnuls.pusan.ac.kr
· Silla Univ. Korean Language Education Center
新羅大学韓国語教育院
Tel 051-999-5755　　Website http://klec.silla.ac.kr

慶尚道地域

· GyeongSang National Univ. School of Language Education
慶尚大学言語教育院
Tel 055-751-6169　　Website http://english.gsnu.ac.kr
· Kyungpook National Univ. Language Institute
慶北大学語学教育院
Tel 053-950-6731　　Website http://lang.knu.ac.kr
· Ulsan Univ. Center of International Affairs and Education
蔚山大学国際交流院
Tel 052-259-2079　　Website http://int.ulsan.ac.kr

語学専門学校

語学専門学校は、学費が大学の課程より安く、学習時間に柔軟性が必要な勤労者にとって適切な選択肢である。しかし、必ずその学校の内容を確認することを勧める。というのも、授業の質は、学校でばらつきがあるからだ。

- Center for International Education (Daegu)
  国際教育センター（大邱）
  Tel 053-580-6357　　Website http://intlcenter.kmu.ac.kr
- Easy Korean Academy (Seoul)
  イージーコリアンアカデミー（ソウル）
  Tel 02-511-9314　　Website www.edukorean.com/English/index/
- Ganada Korean Language Institute (Seoul)
  カナタ韓国語学院（ソウル）
  Tel 02-332-6003　　Website www.ganadakorean.com
- Seoul Korean Academy (Seoul)
  ソウル韓国語アカデミー（ソウル）
  Tel 02-563-3226　　Website http://.seoul-kla.com

無料韓国語講座

ボランティアグループと市民団体が、特に韓国への出稼ぎ労働者に取り組んでいる場合、無料の韓国語教室を提供している。

- Seoul Global Center
  ソウルグローバルセンター
  Tel 02-1688-0120　　Website http://www.global.seoul.go.kr
- Migrant Workers' Welfare Society in Korea
  外国人出稼ぎ労働者韓国福祉協会
  Tel 02-858-4115~8　　Website www.miwel.or.kr
- Korea Migrants' Center
  韓国外国人出稼ぎ労働者センター
  Tel 02-6900-8000　　Website www.migrantok.org
- Korea Foundation Volunteer Network
  韓国国際交流財団ボランティアネットワーク
  Tel 02-2151-6500　　Website http://volunteer.kf.or.kr
- With Migrants
  外国人出稼ぎ労働者とともに
  Tel 02-3672-9472　　Website http://withmigrants.org/xe/

区役所

ソウル特別市の蘆原（ノウォン）区、恩平（ウンピョン）区、陽川（ヤンチョン）区、九老（クロ）区、江東（カンドン）区、城北（ソンブク）区、龍山（ヨンサン）区、鍾路（チョンノ）区の区役所が、在ソウルの外国人のために韓国語の教室を開いている。区によって日時は違う。

語学交流

もちろん、韓国語を学びたい人々のもう一つの選択肢は、ずっと人気のある「語学交流」である。その場合、あなたは、韓国語をあなたに教えてくれる韓国人に、逆に自分の国の言語を教える。韓国の英字新聞・雑誌は、語学交流の広告を掲載していることがよくある。その下記のようなサイトを閲覧してもよいだろう。

- Ewha Language Exchange Bulletin Board
  梨家語学交流掲示板
  Website http://elc.ewha.ac.kr:1004/en/template/sitemap.asp
- Galbijim Wiki Community
  カルビチムWikiコミュニティ
  Website http://wiki.galbijim.com/Portal:Learning_Korean

海外の韓国語機関

これらの機関は、世界中の様々な国の在外韓国人のために、韓国の最新情報を提供し、韓国語の教育教材のコレクションを常備している。

- Instituto Educativo Coreano Argentino (Argentina)
  アルゼンチン韓国語教育協会（アルゼンチン）
  Tel +54-11-4807-1056　　Website http://ieka.net
- Korean Education Center (Australia)
  韓国教育センター（オーストラリア）
  Tel +61-2-9261-8033, 8044, 8055　　Website www.auskolsa.org
- Korean Education Center (Canada)
  韓国教育センター（カナダ）
  Tel +1-416-920-3809　　Website www.cakec.com
- Etudier en Corée (France)
  韓国語で学ぶ（フランス）
  Tel +33-01-4753-6977, 6991　　Website www.educoree.fr
- Koreanischen Erziehungsinstitut in Deutschland (Germany)
  ドイツ韓国教育院（ドイツ）
  Tel +49-069-9567-5231　　Website www.keid.de

・Korean Education Center (Paraguay)
韓国教育センター（パラグアイ）
Tel +595-21-334-939　　Website www.kecp.or.kr
・Korean Education Center (Vladivostok)
韓国教育センター（ウラジオストク）
Tel +7-4232-515-303　　Website http://kecvl.webvista.kr
・Korean Education Center (New York)
韓国教育センター（ニューヨーク）
Tel +1-646-674-6051　　Website www.nykoredu.org
・The Korean Education Institution Network (Japan)
駐日韓国教育院（日本）
Tel +81-3-6435-1418　　Website www.kankoku.or.kr

※世界の朝鮮語（韓国語）学プログラムにもっと詳しく知りたい場合は、www.clickkorea.or.kr/koreansudiea/ks_ins.aspを参照のこと。

メディア活用学習

インターネットで韓国語を学ぶ

・KOSNET (Korean Language Study on the Internet)　www.kosnet.go.kr
KOSNET（インターネット韓国語学習）
KOSNETは、韓国語教育センター、韓国語学校、土曜学校（週末韓国語学校）についての情報を含むオンラインサービスを提供している。
・Learn Korean　www.learn-korean.net
韓国語を学ぶ
独立した、オンラインの韓国語学習ソースで、話す、読む、書くの様々な無料学習ツールや独自のオンラインフォーラムを提供している。
・KBS World – Let's Learn Korean
http://rki.kbs.co.kr/learn_korean/lessons/e_index.htm
KBSワールド――韓国語を学びましょう
世界中の学生が利用できるように様々な言語の無料韓国語学習教材を提供している。基本会話、日常会話クラス、フラッシュダイアローグ、ダイアローグAOD（オーディオ・オン・デマンド）、レッスンAODを提供。言語は、英語、ドイツ語、フランス語、スペイン語、アラビア語、ロシア語、インドネシア語、中国語、日本語。
・Let's Learn Korean with VANK　http://learnkorean.prkorea.com/

VANKで韓国語を学びましょう

VANK（Voluntary Agency Network of Korea）が運営する無料韓国語学習サイト。韓国語講座、文化、歴史などを提供。

· Cours de Coréen　www.cours-coreen.fr/index.php

韓国語講座

フランス語での韓国語レッスン

· Korean Language Education Clearinghouse (KLEC), Monash University
http://arts.monash.edu.au/korean/klec

モナシュ大学韓国語教育クリアリングハウス（KLEC）

KLECは、ほとんどが無料で、韓国語教育者及び学習者に幅広い資料とサービスを提供することを目指している。

· Korean Language Education Center, Sogang University
http://Korean.sogang.ac.kr

西江大学校韓国語教育センター

西江大学校は、韓国文化と韓国語を世界中により幅広く知らしめるために設立された。韓国及び韓国語入門、ハングル発音ガイド、3つの初心者向け研修、3つの中級向け研修からなる、このプログラムは、強力なスピーキング養成コースである。フラシュアニメ、実践演習、語彙、文法、読解、リスニングが提供されている。質問は、教師に電子メールで送信できる。無料。

· LearnKorean.com　www.learnkorean.com

ラーンコリアン・ドットコム

このサイトは、元々は、学生が韓国語クラスを受講している学生を支援することを目的として立ち上げられた。ラーンコリア・ドットコムは、楽しく学ぶ韓国語、韓国語講座、ハンジャ（漢字）講座、韓国発のニュースなどの、韓国語学習支援サービスを提供している。

· Life in Korea　www.lifeinkorea.com/language

ライフ・イン・コリア

ライフ・イン・コリアは、韓国観光と文化に特化して、外国人のために韓国に関する情報を提供している。このサイトは、無料の韓国語講座も提供している。

· Berkeley Language Center　www.language.berkeley.edu

バークリー言語センター

このオンラインプログラムは、学生が言語と文化を学ぶことで中級レベルの韓国語を磨くのを支援することを目指している。各レッスンは、ダイアローグ、短い物語、語彙、文法の注意点、練習からなっている。

· KoreanClass101　www.koreanclass101.com/

コリアンクラス101

本サイトは、レッスンに文化と現代社会の課題を組み入れながら、韓国語をやさしく、楽しく学べるようにすることを目的としている。

テレビで韓国語を学ぶ

- Let's Speak Korean at Arirang TV
  www.arirang.co.kr/Tv/Lets_Whats_On.asp
  アリランTVで韓国語を話しましょう
  カルチャーショックを克服し、韓国の環境に適応する最良の方法の一つは、韓国語を学ぶことであり、韓国人の精神性、考え方、価値、特徴、ユーモア、韓国の文化を発見することを助けてくれる。
- EBS Beginner's Korean　http://home.ebs.co.kr/beginning/index.html
  EBSビギナーのための韓国語
  毎週月曜から水曜まで、EBS PLUS2で午後4時半に放映。
  各クラスは、中国語（月曜）、ベトナム語（火曜）、タガログ語（水曜）で放送。これらのプログラムは、基本的韓国語スキルを教えることで、国際カップルや外国人出稼ぎ労働者が韓国の生活により容易に適応することを支援するものである。
- Screen Korean　http://home.ebs.co.kr/screenkorean/index.html
  スクリーン・コリアン
  映画を通じてやさしく楽しくネイティブの韓国人のように話すことを学ぶ。
  地上波：火曜、金曜、午後1時40分から午後2時10分
  Plus 2：火曜、金曜、午後3時20分から午後3時50分

ハングル関連ウェブサイト

- Digital Hangeul Museum　www.hangeulmuseum.org
  デジタル・ハングル・ミュージアム
- Hangeul Foundation　www.hangul.or.kr
  ハングル財団
  ハングルの歴史と世宗の業績、並び訓民正音の真意と目的を紹介。ハングルの子音と母音を説明し、大韓民国教育部の公式正書法規則を掲載している。
- Hangeul Institute　www.hangeul.or.kr
  ハングル学会
  ハングルの正書法と標準語をまとめたコンテンツ。ハングルの日を国民の祝日に制定することについての公聴会も含む。同学会が出版した辞書や国語研究に関する資料も紹介。
- Korean Language Institute　www.koling.org
  韓国語学会
  修士・博士論文集及び古典期、中世、現在に至る文学資料。その月次の公開及び季節ごとの芸術・科学コンテスト並びに研究活動を行う。また、各会員の論

文の索引のコンテンツも。
- **National Language Love**　Cafe.daum.net/koreantruelove
  ナショナル・ランゲージ・ラブ（国語愛）
  国語（韓国語）に関するオンラインコミュニティ、韓国語についてのレクチャ、
  情報交換。外国人向け参加型掲示板も。
- **Korean Language Globalization Foundation**　www.glokorean.org
  韓国語世界化財団
- **Language Learning Center**　urimal.cs.pusan.ac.kr
  言語学習センター
  スペルを間違えやすい又は間違って使いやすい単語、韓国語に関する現在行わ
  れているイベント、新たに名称が変更された行政区など。韓国語の正書法、文
  法規則、ハングルのローマ字韓国語発音への変換も。

韓国語能力試験（TOPIK）

- **情報**：韓国語文化研究院（www.kolang.or.kr）
- **試験の種類**
  1. **一般韓国語能力試験**（Standard TOPIK, S-TOPIK）
      –韓国文化を理解し、韓国で学ぶといった学問に必要とされる韓国語能力
      を測定・評価
  2. **実務韓国語能力試験**（Business TOPIK, B-TOPIK）
      –日常生活、韓国企業への就職に必要とされるコミュニケーション能力を
      測定・評価
      （訳注：現在は、一般韓国語能力試験のみ）
- **応募資格**：本試験は、在外の韓国人を含む、韓国語の非ネイティブスピーカー
  を対象としている
- **主催団体**：国立国際教育学院、大韓民国教育部
- **試験実施国・地域**：韓国内13地域、及びその他35か国の114地域
- **試験日**：地域によって異なる時期に年2回実施。
  アメリカ、欧州、オセアニア：第1回試験―4月（土曜日）、第二回
  試験―9月（土曜日）。アジア：4月（日曜日）、9月（日曜日）
- **応募方法**：www.topik.or.krにてオンラインで（英語・日本語でも）

さらに詳しく知りたい方のための参考文献

書籍

Hannas, William C. (1997) *Asia's Or thographic Dilemma*. Honolulu: University of Hawai'i Press.

Hong, Jongseon et al. (2008) *Hangeul in the World*. Seoul: Pagijong Press.

Kim, Jeongsu and King, Ross (2006) *The History and Future of Hangeul: Korea's Indigenous Script*. Folkestone: Global oriental.

Kim-Cho Sek Yen (2002) *he Korean Alphabet of 1446: Expositions OPA, the Visible Speech Sounds Translation With Annotation, Future Applicability*. Amherst, NY: Humanity Books; Ch Op an edition.

Kim-Renaud, Y.-K. (ed) 1997 *The Korean Alphabet: Its History and Structure*. Honolulu: University of Hawai'i Press.

Lee, Iksop (2000) *The Korean Language*. (transl. Robert Ramsey). Albany, NY: State University of New York Press.

Sohn, H.-M. (1999) *The Korean Language*. Cambridge: Cambridge University Press.

Song, J. J. (2005) *The Korean Language: Structure, Use and Context*. London: Routledge.

雑誌論文

Kim, Jongmyung (2007) "King Sejong's Buddhist Faith and the Invention of the Korean Alphabet: A Historical Perspective." *Korea Journal*, Vol. 47 (3), pp134-159.

Silva, David J. (2003) "Western Attitudes Toward the Korean Language: An Overview of Late Nineteenth and Early Twentieth-Century Mission Literature." *Korean Studies*, Vol. 26 (2), pp270–286.

Silva, David J. (2008) "Missionary contributions toward the revaluation of Hangeul in late nineteenth-century Korea." *International Journal of the Sociology of Language*, Vol. 192, pp57–74.

本書の内容は、「Koreana」第21巻3号、2007年秋号に掲載された下記論文に基づき、ロバート・ケーラーが編纂し、編集したものである。

"The World's Preeminent Writing System: Hangeul" by Lee Sang-gyu.
"Hangeul in the Digital Age" by Ko Chang-soo.
"Hangeul Inspires Cultural Endeavors" by Park Kyung-sik.
"Can Hangeul Help to Bring the World Closer Together?" by Kim Jin-hyeong.

寄稿者

ロバート・ケラー　ソウルマガジン編集長
イ・サンギュ　　　国立国語院院長
コ・チャンス　　　漢城大学韓国語文学科教授
パク・キュンシク　デザイン評論家
キム・ジンヒョン　国際韓国語財団上級研究員

写真

リュウ・スンフ　　7p、11p、20p、35p、41p、42p、49p、57p、61p、
　　　　　　　　　62p、63p、79p、80p、81p、86p
ヨンハプフォト　　31p、32p、33p、34p、39p、42p、44p、45p、46p、
　　　　　　　　　47p、48p、51p、64p、67p、67p、69p、71p、75p

クレジット

発行人	キム・ヒュングン
編集者	イ・ジンヒュク
編集助手	チョン・ソンア
原稿整理編集者	コリン・A・ムアット
デザイナー	チョン・ヒュンヨン
アシスタントデザイナー	イ・ボクヒュン

訳者あとがき

　日本で韓国語教育に30年以上携わってきたものとして、このたび本書出版を通じて、韓国語を書き表す文字である「ハングル」をご紹介することができ、嬉しく思います。

　翻訳しながら思ったことは、ハングルを多くの日本の皆様に紹介したいということでした。同時に私は、その優秀さに改めて感心し、それを発展・普及させるべきであると思いました。

　ハングルは、その文字体系が実用性に富み、アルファベット以上に合理的です。また、文字を持たない言語を書き表し、その記録を保存することもできます。さらに、日々発展し続けるデジタル社会におけるコミュニケーションに最も適しています。すなわち、本書でも書かれているように、世界に類を見ないほどの文字体系であると言えるでしょう。

　本書の中でも述べられているように、韓国語そのものの習得にはかなりの学習努力を要しますが、その文字であるハングルは習得しやすく、わずか数日の学習で読み書きできます。それが可能なのは、ハングルの持つ合理的なシステムのおかげです。

　本書は、ハングルの創製から普及、定着、そして未来への可能性について紹介しています。韓国語やハングルを学習するための教材は、数多く出版されている反面、文字であるハングルについて紹介する本はほとんどありません。従って、ハングルそのものをもっと知っていただき、さらには韓国語を学ぶきっかけになってもらいたいと強く思

い、使命感を抱くようになりました。その時に出遭ったのが本書であり、日本の皆様にご紹介したく、翻訳作業を続けてきました。

　本書を読んで、ハングルを理解することで、日本の皆様は韓国をより理解できるでしょう。翻訳者として、日本の皆様が韓国を知る上で、本書が基本書として読まれ、日本の韓国理解に貢献することを祈ってやみません。

　さて、私事にわたって恐縮ですが、私が現在経営している専門学校デジタル＆ランゲージ秀林は、もともと1988年4月に東喬・金熙秀（1924〜2012年）が設立したものです。東喬は、ハングルの優れた面を早くから認識し、それを日本で普及するために本校を開校しました。彼は、来るデジタル時代に、ハングルは文字として極めて適確であり、漢字や日本の仮名にはない点を見透かしていました。今さらながら、東喬の卓見に脱帽するばかりです。それを見習い、私はハングルの奥深さを広めたいと思い、教育に努めてきました。2015年、第569周年ハングルの日（10月9日）記念ハングル発展功労者国務総理賞を受賞する栄誉に浴しました。

　なお、この本の原書 *Hangeul—Korean Unique Alphabet* は、韓国国際交流財団（Korea Foundation）のKOREA ESSENTIALSの第一号として、出版社Seoul Selectionを介して2010年に出版されたものです。タイトルが、*Hangeul* となっていることから分かるように、英語圏を始めとする世界の人々に向けて英文で書かれたものです。

　本原書で始まったKOREA ESSENTIALSシリーズは、現在までに既に50点以上が刊行されています。元になった韓国交流財団発行の雑誌*Koreana*は、韓国を紹介する代表的雑誌として知られており、日本語、英語、仏語、スペイン語、ドイツ語、ロシア語、中国語、アラビア語、インドネシア語の9カ国語版が発刊されています。

　本書・日本語訳に際しては、2010年以降のハングルをめぐる状況変化も考慮して、若干の手直しを加えることをお断りしておきます。

　末尾になってしまいましたが、本書を日本語訳に翻訳するにあたり、数多くの方々にご協力いただいたことに感謝申し上げます。また、出版を快く引き受けてくださった展望社の皆様にお礼を申し上げます。

2023年10月

申　景浩

訳者略歴

申 景浩（シン・ギョンホ）
1963年韓国生まれ。日本大学法学部を経て同大学大学院博士課程修了。現在、学校法人金井学園理事長、専門学校 デジタル＆ランゲージ秀林・秀林日本語学校校長、国士舘大学教授、韓国日本近代史学会会長、（韓国）秀林文化財団理事。専門は、日韓近代政治史。2015年、第569周年ハングルの日(10月9日)記念ハングル発展功労者国務総理賞受賞。著書に『現代日本事情と文化』(2005年)、同韓国版（2014年）、訳書に『金熙秀評伝 学んでこそ人生』(2019年) などがある

한글 ハングル Hangeul

ハングルの創製と独特な字母の図解、その歴史的発展

Special thanks to the Korea Foundation.

2024年1月22日　第1刷発行

編著／*Koreana*
訳／申 景浩
発行人／唐澤明義
発行所／株式会社展望社
〒112-0002　東京都文京区小石川3-1-7 エコービル202
TEL：03-3814-1997 FAX：03-3814-3063
http://tembo-books.jp
印刷：株式会社ディグ

ISBN 978-4-88546-437-9 定価はカバーに表記